Kerstin Friedrich
Lothar J. Seiwert

Das 1x1 der
Erfolgsstrategie

Der sichere Weg
zu konkurrenzlosen
Spitzenleistungen

W0012155

Die Deutsche Bibliothek – CIP-Einheitsaufnahme

Seiwert, Lothar J.:
Das 1x1 der Erfolgsstrategie : der sichere Weg zu konkurrenzlosen
Spitzenleistungen / Lothar J. Seiwert ; Kerstin Friedrich.
(Hrsg.: Maxim Worcester ; Hardy Wagner. Im Auftr. der Frankfurter
Allgemeine Zeitung GmbH Informationsdienste und der GABAL-
Verlags GmbH). – München ; Landsberg am Lech : mvg-verl., 1994
  (Business-Training ; 1153)
  ISBN 3-478-81153-8
NE: Friedrich, Kerstin:; Seiwert, Lothar J.: Das Einmaleins der
Erfolgsstrategie; Friedrich, Kerstin: Das Einmaleins der
Erfolgsstrategie; GT

Das Papier dieses Taschenbuchs wird möglichst umweltschonend
hergestellt und enthält keine optischen Aufheller.

Auflagen:	1. TB-Auflage, 1. – 6. Tausend, Februar 1994
Konzeption und Projektleitung:	Peter Sawtschenko, D-64380 Roßdorf
Umschlaggestaltung:	Bengt Fosshag, Frankfurt und Gruber & König, Augsburg
Satz und Lithos:	Typo-Z-Team, D-64293 Darmstadt
Druck- und Bindearbeiten:	Konkordia Druck, Bühl/Baden
Herausgeber:	Maxim Worcester, Prof. Dr. Hardy Wagner im Auftrag der Frankfurter Allgemeine Zeitung GmbH Informationsdienste, D-60267 Frankfurt, und der GABAL-Verlags GmbH, D-28195 Bremen
Copyrights:	® EKS® ist ein geschütztes Warenzeichen der Frankfurter Allgemeine Zeitung GmbH © Frankfurter Allgemeine Zeitung GmbH Informationsdienste und PLS + GABAL-Verlag GmbH, An der Weide 27-28, D-28195 Bremen, Telefon (04 21) 36 08 20, Telefax (04 21) 36 08 235

Veröffentlicht mit freundlicher Genehmigung der Frankfurter
Allgemeine Zeitung und der PLS + GABAL-Verlag GmbH, Frankfurt
und Bremen, in der Reihe „Business-Training" des mvg-verlages im
verlag moderne industrie AG, München/Landsberg am Lech.

Alle Rechte, insbesondere das Recht der Vervielfältigung und Verbreitung sowie der Übersetzung, vorbehalten. Kein Teil des Werkes darf in
irgendeiner Form (durch Fotokopie, Mikrofilm oder ein anderes Verfahren) ohne schriftliche Genehmigung des Verlages reproduziert oder
unter Verwendung elektronischer Systeme gespeichert, verarbeitet,
vervielfältigt oder verbreitet werden.

Printed in Germany 081 153/294602
ISBN 3-478-81153-8

Ihr Erfolg, liebe Leserin, lieber Leser, hängt weder von der Größe Ihrer Intelligenz, Ihrer Kenntnisse oder Ihrer Mittel ab, sondern einzig und allein von Ihrer Strategie, d. h. der Art, wie Sie Ihre Kräfte und Mittel einsetzen.

Da viele unter Strategie etwas anderes verstehen, wird fast jede Form von durchdachtem Vorgehen als Strategie bezeichnet. Strategie in unserem Sinne bedeutet: Konzentration Ihrer Kräfte auf das Wesentliche an der entscheidenden Stelle.

Solange Sie Ihre Strategie nicht von Grund auf in die richtigen Bahnen lenken, werden Sie automatisch von Jahr zu Jahr verzettelter, unsicherer und erfolgloser werden. Die EKS ist die Lehre vom effektiven Einsatz jeder Art von Energien. Ihre Gesetze gelten systemübergreifend, ob im biologischen, sozialen oder wirtschaftlichen Kräfte-Wettbewerb.

Ob Sie Ihren Firmen- oder Abteilungserfolg, Ihr (Selbst-) Management oder Ihre Karriere verbessern wollen – Sie müssen Ihre Kräfte bündeln und auf den kybernetisch wirkungsvollsten Punkt konzentrieren. Erfolgreiche Unternehmer und Führungskräfte haben von jeher – bewußt oder unbewußt – eine bestimmte Strategie angewandt. Die von mir entwickelte EKS-Strategie zeigt auch Ihnen den Weg zu konkurrenzlosen Spitzenleistungen.

Die Autoren, Dr. **Kerstin Friedrich** und Prof. Dr. **Lothar J. Seiwert**, wenden beide seit vielen Jahren die EKS äußerst erfolgreich an. Ihnen ist es in diesem Bändchen ausgezeichnet gelungen, die wesentlichen Elemente der EKS nicht nur übersichtlich und konsequent durchstrukturiert, sondern auch anschaulich und leserfreundlich, dazu didaktisch-methodisch bestens aufbereitet, darzustellen. Dabei kam ihnen auch ihre Praxis als Seminarleiter und Unternehmensberater zugute.

Der Mensch ist nicht am Ende seiner Fähigkeiten, sondern erst am Anfang. Nicht Krisenbewältigung, sondern Chancenmanagement ist gefragt. In diesem Sinne wünsche ich Ihnen mit der EKS das Beste für Ihre erfolgreiche Zukunft.

Frankfurt, im Februar 1994   **Wolfgang Mewes**
EKS-Urheber

Vorwort

„Das 1x1 der Erfolgsstrategie" führt in eine der bekanntesten und auch wichtigsten Erfolgslehren ein, in die EKS – Engpaß-Konzentrierte Strategie (Kybernetische Managementlehre) von **Wolfgang Mewes**.

Die F.A.Z. GmbH Informationsdienste ist seit 1990 Inhaber aller Nutzungsrechte für die EKS und hat den bekannten Fernlehrgang von Wolfgang Mewes in völlig neuer Form publiziert (Herausgeber: **Maxim Worcester**). Wir freuen uns, allen an einer fundierten Einführung in die EKS Interessierten mit unserer Schrift diesen Wunsch erfüllen zu können.

Dr. **Kerstin Friedrich** und Prof. Dr. **Lothar J. Seiwert** gebührt das Verdienst, auf rund 60 Seiten die wichtigsten Erkenntnisse der EKS-Erfolgsstrategie in anschaulicher, bildhafter und damit „beidhirniger" Form dargestellt zu haben, wobei die inhaltliche Qualität voll erhalten geblieben ist. Jeder kann sich so in kurzer Zeit – etwa 90 Minuten – eine ausgezeichnete Vorstellung von den Grundprinzipien der EKS und den einzelnen Phasen ihrer Umsetzung verschaffen.

Auf weiteren 25 Seiten präsentieren wir Ihnen drei konkrete, anschauliche **Praxisbeispiele** besonders erfolgreicher **EKS-Strategieanwendung**. Seit 1991 verleihen die Frankfurter Wirtschaftsprüfungsgesellschaft KPMG Peat Marwick Treuhand GmbH und die F.A.Z. GmbH Informationsdienste jährlich einen Management-Strategiepreis für die „Beste EKS-Anwendung".

Autoren, Herausgeber und Verlage sind überzeugt, mit dem „1x1 der Erfolgsstrategie" ihrer Leserschaft einen besonderen Nutzen zu bieten und zugleich einen weiteren potentiellen Bestseller vorzulegen, der vielen Menschen Hinweise gibt, wie sie ihren eigenen Erfolg noch steigern können. In diesem Sinne wünschen wir auch dieser Taschenbuch-Auflage eine große Verbreitung und unseren Leserinnen und Lesern optimalen Gewinn beim Durcharbeiten dieses Bandes.

Frankfurt und Speyer, im Februar 1994   Die Herausgeber
Maxim Worcester · Prof. Dr. Hardy Wagner

Inhalt

Warum und wie dieses Programm für Sie konzipiert wurde ...

Unsere Anleitung „Das 1x1 der Erfolgsstrategie" ist nach neuesten Erkenntnissen lernpsychologisch und gehirngerecht für Sie aufbereitet. Jedes der zwölf Kapitel ist in sich abgeschlossen und wird nach einem einheitlichen Raster abgehandelt:

▶ Die **vier Erfolgsprinzipien** finden Sie auf jeweils **einer Doppelseite** im Überblick.

▶ Die **sieben Phasen** der Erfolgsstrategie zur Spitzenleistung und Marktführung sind auf jeweils **zwei Doppelseiten** konsequent durchstrukturiert und visuell aufbereitet. Die wichtigsten Hintergründe, Erfahrungen, Maßnahmen, Lösungsmöglichkeiten und Umsetzungsschritte werden anhand von jeweils vier Fragestellungen – **Warum? Wie? Welche? Was?** – anschaulich und anwendungsorientiert dargestellt:

Theoretische Grundlage		Praktische Umsetzung	
WARUM	**WIE**	**WELCHE**	**WAS**
ist die Phase für Ihre Erfolgsstrategie wichtig?	setzen Sie die jeweilige Phase in die Tat um?	Fragen bringen Sie jetzt konkret weiter (Brainwriting)?	sind die nächsten methodischen Schritte zur Umsetzung?
▶ Darstellung von **Hintergründen, Nutzen** und **Bedeutung** dieses Kapitels bzw. dieser Phase für den/die Leser/in.	▶ Anleitung für **Maßnahmen** und **Lösungsmöglichkeiten** in konzentrierter Form, z.B. in Checkpunkten.	▶ Für jede der 7 Phasen gibt es **Checklisten** mit **10 Arbeitsfragen** und Notizmöglichkeiten.	▶ Für jede der 7 Phasen der Erfolgsstrategie gibt es 5 **Arbeitshilfen** mit **Ergebnis-Protokollen**.

Das Programm richtet sich an zwei **Zielgruppen.** Angesprochen sind:

▶ **Unternehmer, Manager, Führungskräfte** oder **leitende Mitarbeiter**, die in ihrem Unternehmen **strategisch** besser planen, entscheiden und handeln wollen.

▶ **Einzelpersonen**, die ihre **Karriere** innerhalb oder außerhalb des Unternehmens strategisch konsequent auf Spitzenleistungen ausrichten wollen.

Strategisches Denken und Handeln

„ERFOLG IST EINZIG UND
ALLEIN EINE FRAGE DER
RICHTIGEN STRATEGIE."
(W. MEWES)

Die Strategie der erfolgreichsten Unternehmen

Haben Sie sich nicht schon oft gefragt, warum manche **Unternehmen anderen** immer um Längen **voraus** sind? Und zwar selbst dann, wenn der Wettbewerb immer härter und unberechenbarer wird? Ist es Zufall, Glück, Begabung oder überdurchschnittliche Risikobereitschaft?

Diese Frage ließ auch dem Systemforscher **Wolfgang Mewes** keine Ruhe. Er analysierte die herausragenden Erfolge von mehreren tausend Führungskräften und Unternehmen. Dabei fand er heraus, daß sie alle – ob bewußt oder unbewußt – nach einer ähnlichen Strategie vorgingen. Mewes kam zu dem Ergebnis: **Erfolg ist einzig und allein eine Frage der richtigen Strategie!**

STRATEGIE IST LERNBAR

So finden Sie den Weg zu konkurrenzlosen Spitzenleistungen

Mewes gelang es in den 70er Jahren, die gemeinsame Ursache der größten Unternehmens- und Karriereerfolge in eine Methodik zu fassen, die er in einem Fernlehrgang publizierte. Dadurch war es jedermann möglich, **strategisches Denken und Handeln** zu erlernen. Denn strategisches Denken ist eine „**Schlüsseltechnologie**": Es bestimmt darüber, wie und mit welchem **Erfolg** Sie Ihre **Kräfte** und Mittel **einsetzen** können.

EKS-ANWENDER

Wer kann mit der EKS-Strategie erfolgreich werden?

Die EKS-Strategie eröffnet jedem **Unternehmen** neue Perspektiven – ob Dienstleistungs-, Handwerks- oder Industriebetrieb – egal, ob es zwei, zweihundert oder zweitausend Mitarbeiter hat. Sie können die EKS-Strategie auch als **Angestellter, Freiberufler** oder Wissenschaftler anwenden – sie funktioniert immer dort, wo Menschen miteinander und füreinander arbeiten. Unzählige EKS-Anwender haben gezeigt, daß man selbst mit beschränktesten Kräften Marktführer werden kann – es kommt lediglich darauf an, wie und worauf man seine **Kräfte konzentriert.** Bekanntlich kann selbst eine Hornisse einen Elefanten außer Gefecht setzen – wenn sie ihre Kräfte richtig einsetzt.

Warum brauchen Sie eine Strategie?

Unsere **Leistungsgesellschaft** steht in einem Zeitalter des ständigen Wandels. Die einzige Konstante ist die **Veränderung**. High Speed-Management, Lean Production, Total Quality-Management, Just-in-Time und andere Trends stellen neue Herausforderungen für Organisation und Management dar. Nicht der Große dominiert die Kleinen, sondern der Schnelle überholt die Langsamen. Erfolgreich durchsetzen wird sich letztlich derjenige mit der besseren **Strategie**.

> „ENGPASS-KONZENTRIERTE STRATEGIE BEDEUTET KONKURRENZLOSE SPITZENLEISTUNGEN."

Sie brauchen eine neue Erfolgsstrategie	trifft voll zu	teils/ teils	trifft kaum zu
1. wenn Ihr Unternehmen unter starkem **Konkurrenzdruck** steht und Ihre Umsätze stagnieren;	☐	☐	☐
2. wenn Sie Ihre **Marktposition** verbessern oder absichern wollen;	☐	☐	☐
3. wenn Sie neue Geschäftsgebiete oder **Vertriebswege** suchen;	☐	☐	☐
4. wenn Sie von einigen wenigen **Kunden** oder Lieferanten abhängig sind;	☐	☐	☐
5. wenn Sie mit geringstmöglichem **Risiko** ein Unternehmen gründen wollen;	☐	☐	☐
6. wenn Sie Ihr Unternehmen **sanieren** müssen;	☐	☐	☐
7. wenn Sie **Karriere** machen wollen;	☐	☐	☐
8. wenn Sie der anerkannt beste **Problemlöser** im Unternehmen werden wollen;	☐	☐	☐
9. wenn Sie gesuchter **Spezialist** auf dem Arbeitsmarkt werden wollen;	☐	☐	☐
10. oder wenn Sie ganz einfach mit **weniger Arbeit** mehr erreichen wollen.	☐	☐	☐

Auswertung: Σ   Σ   Σ
(„trifft voll zu" = 1 Punkt; „teils/teils" = 0,5 Punkte) =   **Punkte**

Wenn Sie **2,5 und mehr Punkte** haben, werden Ihnen die folgenden elf Kapitel mit den vier Grundprinzipien und den sieben Phasen der **Engpaß-Konzentrierten-Strategie (EKS)** aufzeigen, wie auch Sie sich im Wettbewerb erfolgreich behaupten und konkurrenzlose Spitzenleistungen erzielen können. Jedes Kapitel enthält konkrete Anleitungen in für Sie umsetzbaren Schritten.

Wie stark denken und handeln Sie strategisch?

Strategische Selbsteinschätzung	fast immer	je nachdem	fast nie
1. Inwieweit arbeiten Sie nach klar definierten **Unternehmenszielen**?	☐	☐	☐
2. Können Sie zielsicher auf **Veränderungen** der Rahmenbedingungen reagieren?	☐	☐	☐
3. Berücksichtigen Sie bei Ihren marktbedingten Aktivitäten Ihre relativen Stärken und **Erfolgspotentiale**?	☐	☐	☐
4. Wenn Sie **Informationen** aufnehmen, wissen Sie dann genau, was für Sie wirklich strategisch wichtig ist?	☐	☐	☐
5. Richten Sie Ihre Aktivitäten auf eine klar definierte **Zielgruppe** aus, die Sie fest im Auge haben?	☐	☐	☐
6. In welcher Intensität denken Sie an bessere **Problemlösungen** für Ihre Zielgruppe?	☐	☐	☐
7. Setzen Sie neue **Impulse** etc. auch konsequent genug um, statt diese irgendwo abzulegen und zu vergessen?	☐	☐	☐
8. Wenn Sie eine **Entscheidung** treffen müssen, haben Sie dann feste Kriterien für Ihre Entscheidungsfindung?	☐	☐	☐
9. Schaffen Sie es, über Ihr **Tagesgeschäft** hinaus auch mittel- und langfristig wichtige Dinge anzupacken?	☐	☐	☐
10. Reservieren Sie sich regelmäßig **strategische Planungszeit**, um Ihre gesamte Geschäftspolitik zu überprüfen?	☐	☐	☐
Gesamtpunktzahl (Summe aller Kreuzchen) Multiplizieren Sie die Spaltenergebnisse mit	Σ x3=	Σ x2=	Σ x1=

▶ Addieren Sie die Ergebnisse zu Ihrem persönlichen **Strategie-Wert**: ⬭

HAT IHR STRATEGIE-WERT

Auswertung:

10 – 15 PUNKTE:
Sie betreiben im allgemeinen noch **kein strategisches Zeit- und Erfolgsmanagement** und verzetteln sich in Ihrer Selbstorganisation und Tagesgestaltung. „Das 1x1 der Erfolgsstrategie" hilft Ihnen, Ihre Prioritäten strategisch besser zu setzen und Ihre Kräfte besser zu konzentrieren.

16 – 22 PUNKTE:
Sie versuchen, Ihr Zeit- und Erfolgsmanagement strategisch auszurichten; es mangelt Ihnen jedoch ein **wenig an Systematik und Konsequenz**, um damit auch den entscheidenden Durchbruch zu erzielen. „Das 1x1 der Erfolgsstrategie" hilft Ihnen, Ihre persönliche Erfolgsstrategie zu entwickeln und konkrete Maßnahmen sowie erste Umsetzungsschritte zu planen.

23 – 30 PUNKTE:
Ihr strategisches Zeit- und Erfolgsmanagement kann bereits als **gut** bezeichnet werden. Sie konzentrieren sich konsequent auf das Wichtige. Weiter so! „Das 1x1 der Erfolgsstrategie" hilft Ihnen, noch erfolgreicher zu werden und Ihre Erfolge dauerhaft abzusichern.

12

Was sind die nächsten Schritte?

Es gibt wie immer mehrere Möglichkeiten:

1. Sie blättern das Büchlein durch, gewinnen sicherlich die Erkenntnis, wie wichtig doch eine gute Strategie sei – und tun nichts mehr! Sehr gut: Dann bleiben Sie genau dort, wo Sie jetzt bereits sind – und entwickeln sich mehr oder weniger **zufällig** weiter. Sie wissen dann jedoch, warum das so ist.

2. Sie arbeiten das Buch durch und **fangen an**, die EKS-Strategie konsequent anzuwenden. Glückwunsch – weiter so!

3. Die EKS ist ebenso einfach wie schwierig zugleich. Den meisten gelingt es relativ schnell, ihre Zielgruppe und deren brennendstes Problem zu definieren, und bald geht alles wie von selbst. Einige brauchen zahlreiche Anläufe, bis sie den wirkungsvollsten Punkt gefunden haben und endlich „ihre" persönliche **Erfolgsspirale** drehen. Gerade solche Fehlschläge sind wichtige **Lernprozesse** und somit Bestandteil der EKS.

4. Wenn Sie – gleich, auf welcher Stufe Ihres Erfolgsweges Sie gerade stehen, – Ihr **Strategiekonzept** vertiefen oder **überprüfen** wollen, empfehlen wir Ihnen den ausführlichen ▶ EKS-Lehrgang von Wolfgang Mewes. Darüber hinaus unterstützen Sie weitere Hilfsmittel bei der erfolgreichen Anwendung: ▶ EKS-PC-Software, ▶ EKS-Seminare.

Wir wünschen Ihnen auf Ihrem ganz persönlichen Weg zum Erfolg eine geschickte, glückliche Hand sowie den Mut, anders zu sein als andere, um sich in „Ihrer" eigenen Marktnische zu profilieren.

Der Einfachheit und Übersichtlichkeit halber orientieren wir uns im folgenden an der für Unternehmen üblichen Begrifflichkeit. Als karrierebewußte Einzelperson sollten Sie daher Wörter wie „Kunde" oder „Geschäftsfeld" für sich „übersetzen": „Kunden" könnten in diesem Sinne für Sie z. B. auch Ihre Vorgesetzten sein, und das „Geschäftsfeld" könnte u. a. Ihrer beruflichen Funktion („Berufsfeld") entsprechen.

■ **„WENN NICHT JETZT – WANN DANN?"**

FOLLOW-UPS

Kerstin Friedrich   Lothar J. Seiwert

Was macht Sie mit Sicherheit erfolgreicher?

Durch Spezialisierung zur Spitzenleistung

Nur der Spezialist, der seine Stärken voll und ganz einsetzt, kann **Spitzenleistungen bieten.** Darum lautet die wichtigste Voraussetzung für eine erfolgreiche Strategie: **Konzentration der Kräfte** und Spezialisierung auf das,

▶ was Sie am besten können und

▶ womit Sie Ihren **Kunden** den größten Nutzen bieten können.

Statt eines breiten, diversifizierten Angebotes müssen Sie sich spitz auf eine Marktnische konzentrieren, in der Sie die **Nr. 1 werden.** Dies stellt die Ansicht vieler Unternehmen, die auf Diversifikation zur „Verringerung des Risikos" setzen, geradezu auf den Kopf. Aber die Diversifikation führt, wie Sie sehen werden, letztlich nur zur Verzettelung. Und durch Verzettelung wird das unternehmerische Risiko nicht verringert, sondern erhöht.

Wer sich verzettelt, bleibt durchschnittlich

Mißerfolge und Konkurrenzdruck sind meistens die Folge eines entscheidenden Strategiefehlers: der **Verzettelung der Kräfte.** Denn wer auf vielen Märkten eine ganze Reihe von **Leistungen** anbietet, kann **allenfalls durchschnittlich** werden. Je mehr Sie Ihre Kräfte verzetteln, desto schwieriger wird es, etwas ganz Besonderes zu leisten. Und etwas wirklich Besonderes müssen Sie heute schon anbieten, um attraktiver zu sein als Ihre Konkurrenz.

Übung macht den Meister

Wer sich auf eine bestimmte Aufgabe konzentriert und spezialisiert, verzeichnet automatisch **Lerngewinne** über die permanenten Wiederholungen und die Weiterentwicklung seiner **Problemlösungsfähigkeit.** Diese Gesetzmäßigkeit können Sie besonders gut im Sport beobachten: Erstens sind Spitzenathleten stets auf eine Disziplin spezialisiert, und zweitens können sie nur durch konsequentes **Training**, also **Wiederholungen**, nach vorn kommen.

Warum Sie zum Marktführer werden

Nur durch Spezialisierung können Sie Marktführer werden

Die Konzentration der Kräfte und die Spezialisierung haben eine ganze Reihe positiver Folgen: Sie führen zu steigender **Effizienz**, besseren **Leistungen** und steigenden **Umsätzen**. Dadurch bietet sich Raum für **Preissenkungen**, was zu mehr **Nachfrage** und letztlich steigenden **Gewinnen** führt. Und Sie gewinnen eine immer stärkere **Marktstellung** und mehr **Marktmacht**.

**„EIN HUND, DER VIELE HASEN JAGT, FÄNGT LETZTLICH KEINEN."
(JÄGERWEISHEIT)**

Die Nr. 1 zu sein hat viele Vorteile

▶ Der Marktführer hat die denkbar **beste Position** auf dem Markt: Er kann selbst auf einem sehr kleinen **Nischenmarkt** überproportional erfolgreicher und sicherer agieren als ein durchschnittlicher Wettbewerber auf einem großen Markt.

▶ Der Marktführer ist bekannt und glaubwürdig. Man vermutet bei ihm die **größte Kompetenz**; er ist der **Trendsetter** und hat das **geringste Innovationsrisiko**. Der Marktführer genießt nicht nur finanzielle, sondern auch psychische und emotionale Vorteile. Die **Ausstrahlung des Ersten** ist wesentlich größer als die des Mittelmäßigen – ein Phänomen, das gleichsam naturgesetzlichen Rang hat.

MARKTFÜHRER

Warum der Spezialist erfolgreich werden muß

Die enormen Vorteile des Spezialisten, dem es gelungen ist, die **Nr. 1** auf seinem Markt zu werden, sind relativ leicht zu erklären: Je unübersichtlicher die Märkte und das Angebot werden, desto mehr suchen Kunden, Geschäftspartner, Mitarbeiter und Kapitalanleger nach einem dominierenden **Orientierungspunkt** – und das ist der **Marktführer**.

Ihm fließen Aufträge, Informationen, Ideen, Mitarbeiter, Kapital, Lieferantenzugeständnisse, **Kooperationsangebote**, selbst die Unterstützung der **Medien** und der Behörden eher zu als einem weniger bekannten Konkurrenten. Auch hier gelten die Regeln des Sports: Der **Sieger** genießt Anerkennung, Popularität, die Gunst der Medien und der Sponsoren, während der zweite kaum noch beachtet wird – selbst wenn er nur um eine Hundertstel Sekunde geschlagen wird.

Worauf konzentrieren Sie sich strategisch am erfolgreichsten?

„MÄRKTE REAGIEREN WIE VERNETZTE SYSTEME MIT ALLEN IHREN GESETZEN."

Denken Sie vernetzt statt linear!

Märkte sind – genauso wie biologische Organismen – **vernetzte Systeme**. Das bedeutet: **Veränderungen** eines Elementes führen unweigerlich zu Veränderungen anderer Elemente, das heißt, sie wirken immer auf das **gesamte System**.

Beispiel: Wenn Sie einem Ihrer Mitarbeiter eine Gehaltserhöhung geben, führt dies zu einer **Kettenreaktion von Veränderungen**: Sie wirkt unmittelbar auf Kosten und Gewinn, führt eventuell zu Umsatzsteigerungen, kann aber auch auf andere Mitarbeiter demotivierend wirken und somit nicht nur positive, sondern auch negative Folgen haben. Ähnlich wirkt jede wirtschaftliche Entscheidung immer auf verschiedenen materiellen und immateriellen Ebenen.

Nutzen Sie die Gesetze des Marktes!

Die **Verbindungen eines Marktes** oder eines Unternehmens sind wie ein riesiges, unsichtbares Netz. Wer Pech hat, verheddert sich aussichtslos darin und wird handlungsunfähig. Wer jedoch diese Vernetzungen und den darin liegenden **wirkungsvollsten Punkt** erkennt, kann sie für seine Zwecke einsetzen und sich ihrer Verbindungen bedienen.

Obwohl wir in vernetzten Systemen leben und arbeiten, denken und handeln die meisten Menschen immer noch so, als ob ihre Kräfte nur begrenzte Wirkungen hätten: Techniker etwa optimieren technische Vorgänge, Betriebswirte nur die finanziellen Aspekte etc. Widmet man sich den Problemen isoliert, verzettelt man seine Kräfte. Konzentrieren Sie sich dagegen auf das **Kernproblem**, erzielen Sie mit geringem **Kräfteeinsatz** ein optimales **Ergebnis**.

Wie können Sie Probleme fast wie von selbst lösen?

David gegen Goliath – ein beispielhafter Volltreffer

Daß nicht die Größe der eingesetzten Kräfte, sondern ihr exakter Einsatz ausschlaggebend ist für den Erfolg, veranschaulicht die Legende von David und Goliath. Ihr zufolge soll der schmächtige Hirt David den kräftemäßig weit überlegenen Riesen Goliath besiegt haben. Warum?

Weil er sich genau anders verhielt als sein Gegner, der blindlings um sich schlug: Erstens **konzentrierte** David seine **Kräfte** mit Hilfe der Steinschleuder und konnte die Wirkung seiner Kräfte dadurch vervielfachen. Zweitens traf er genau auf den **wirkungsvollsten Punkt**, nämlich die Stirn.

Die Erklärung ist einfach: Der menschliche Körper ist ein vernetztes System, und David hatte den **Knotenpunkt getroffen**, der lebenswichtige Körperfunktionen steuert. Sie sollen den wirkungsvollsten Punkt eines Systems jedoch nicht dazu mißbrauchen, Ihre Konkurrenten k. o. zu schlagen, sondern Ihren Kunden den **größtmöglichen Nutzen bieten**.

Nicht wie, sondern wo Sie zuschlagen, ist entscheidend.

In vernetzten Systemen kommt es nicht darauf an, möglichst viele Kräfte einzusetzen, sondern die **vorhandenen Kräfte** auf den jeweils **wirkungsvollsten Punkt** zu richten. Wenn Sie in vernetzten Systemen den zentralen **Problemknoten lösen**, ist die Folge eine **Kettenreaktion**:

Die mit dem Kernproblem vernetzten **Probleme** lösen sich automatisch einfacher. Je **dichter** die Vernetzungen werden – und genau das geschieht zur Zeit auf allen Märkten – desto wichtiger ist es, genau auf den **wirkungsvollsten** Punkt zu **zielen**, statt sich immer mehr anzustrengen und immer größere Kräfte einzusetzen.

„GIB MIR EINEN PUNKT, AUF DEM ICH STEHEN KANN, UND ICH WERDE DIE ERDE BEWEGEN." (ARCHIMEDES)

WIRKUNGSVOLLSTER PUNKT

17

Wie finden Sie den kybernetisch wirkungsvollsten Punkt?

„WAS DIE ZIELGRUPPE
FÜR IHRE ENTWICKLUNG
BRAUCHT, WIRD
BEGEISTERT
NACHGEFRAGT."

Die Kunst des Managements

Der wirkungsvollste Punkt ist in der Praxis selten so klar sichtbar wie in dem bekannten Beispiel von David und Goliath. Wer kann schon heute in der immer komplexeren Welt erkennen, an welchem Punkt der **Kräfteeinsatz** am **effizientesten** ist?

Die Kunst des Managements liegt gerade darin, in der Masse der Probleme das **Kernproblem** zu **erkennen**, das mit allen anderen verknüpft ist. Denn wenn dieses Problem gelöst wird, fällt die **Lösung** der übrigen Aufgaben wesentlich **leichter**, ja manchmal erledigen sie sich dann von selbst.

PFLANZENWACHSTUM

Der wirkungsvollste Punkt: Die Natur zeigt den Weg

Wie man in vernetzten Systemen den wirkungsvollsten Punkt trifft, hat bereits vor 140 Jahren der Naturwissenschaftler **Justus von Liebig** entdeckt, und zwar als er nach den Ursachen des **Pflanzenwachstums** forschte. Er stellte fest, daß eine Pflanze vier Elemente zum Wachstum braucht. Wenn nur eines dieser Elemente fehlt, wächst sie nicht mehr weiter – selbst dann, wenn alle anderen Faktoren im Überfluß vorhanden sind.

Die Kunst besteht also darin, einem System – oder in Ihrem Falle: Ihrer Zielgruppe oder Ihren Kunden – immer den **Engpaßfaktor** zuzuführen, also das, was es aktuell am dringendsten zu seiner Entwicklung braucht. Wer dazu in der Lage ist, besitzt gleichzeitig die **stärkste Machtposition** im Markt.

So erzielen Sie die größte Wirkung mit minimalem Aufwand

Liebigs Minimumprinzip funktioniert genauso in jedem Unternehmen: Wer seiner **Zielgruppe** genau das anbietet, was sie dringend zu ihrer Weiterentwicklung benötigt, hat den **wirkungsvollsten Punkt** getroffen und besitzt den Schlüssel zum Erfolg. Der Punkt, welcher die größte Effizienz des Kräfteeinsatzes verspricht, liegt also immer im **Entwicklungs-Engpaß**. Wer diesen Engpaß überwinden hilft, kann sich der größten Nachfrage und des **größten Erfolges** sicher sein.

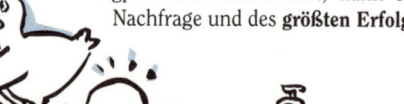

Was hat das alles mit Ihnen zu tun?

Der interne Minimumfaktor – Engpaß Ihres eigenen Erfolges

Die EKS-Strategie nutzt den von Liebig entdeckten Zusammenhang zwischen **Engpaßfaktoren und Wachstum** gleich zweifach:

▶ Der interne Minimumfaktor zeigt Ihnen Ihren **betrieblichen Engpaß**, also das Problem, das Ihr Unternehmen am **Wachstum** hindert.

▶ Wenn Sie alle Kräfte darauf konzentrieren, diesen Engpaß zu beseitigen, kann sich Ihr **Unternehmen** optimal **entwickeln**.

Der externe Minimumfaktor – der Schlüssel zum Erfolg

Der externe Minimumfaktor begrenzt die Entwicklung und den Erfolg Ihrer Zielgruppe. Wenn es Ihnen gelingt, Ihrer **Zielgruppe** diesen **Minimumfaktor** zur Verfügung zu stellen, haben Sie die besten Voraussetzungen zum Erfolg.

Denn wer das **brennendste Problem der Zielgruppe** löst, kann mit Sicherheit davon ausgehen, daß diese Leistungen von der Zielgruppe gesucht, akzeptiert und honoriert werden.

Setzen Sie die richtigen Prioritäten!

Es ist die wichtigste Aufgabe, zunächst nicht den eigenen, sondern den **Minimumfaktor der Zielgruppe** zu ermitteln. Denken Sie stets extrovertiert, und verstricken Sie sich nicht zu sehr in Ihren internen (z. B. den betrieblichen) Problemen. Denn je besser Sie die **Probleme Ihrer Zielgruppe** lösen, desto besser werden Sie auch Ihre eigenen Probleme lösen.

„DURCH BESEITIGUNG DES ENGPASSES ODER MINIMUMFAKTORS KÖNNEN SIE ZUM MARKTFÜHRER WERDEN."

MINIMUMFAKTOR

Wie finden Sie Ihr optimales Unternehmensziel?

„WER STETS DEN NUTZEN
SEINER ZIELGRUPPE
STEIGERN WILL, ERZIELT
SEINEN GEWINN
AUTOMATISCH."

Das richtige Ziel entscheidet über Ihren Erfolg

In jedem Unternehmen werden täglich unzählige **Entscheidungen** getroffen. Für welche Alternative Sie sich jeweils entscheiden, wird von den **Zielen** bestimmt: Diese legen fest, was man für wichtig oder unwichtig hält, was man anstrebt oder ablehnt, was man beachtet oder ignoriert. Je besser die Zielsetzung eines Unternehmens, desto besser laufen die **Informationsprozesse**, die Entscheidungen und die gesamte **Entwicklung**.

NUTZEN-ORIENTIERUNG

Warum Gewinnmaximierung kein dauerhaft sinnvolles Ziel ist

Das Ziel eines Unternehmens liegt darin, möglichst hohe Gewinne einzufahren – so zumindest sehen es heute viele Theoretiker und Praktiker. **Wolfgang Mewes** fand jedoch heraus, daß die langfristig wirklich erfolgreichen Unternehmen stets alles daran setzen, ihren **Kunden** den optimalen Nutzen zu bieten. Sie setzen also die **Nutzenmaximierung vor** die **Gewinnmaximierung**. Diese Gewinne sind jedoch die zwangsläufige Folge der Nutzenmaximierung und nicht das oberste Firmenziel.

Gewinne dienen dem Allgemeinwohl – oder nicht?

Das direkte Profitstreben widerspricht allen Naturgesetzen. In der **Evolution** sind Egoisten – und nichts anderes sind reine Gewinnmaximierer – ausgestorben. Doch wo würde unsere **Gesellschaft** heute stehen, wenn es keine Gewinne für Investitionen, Arbeitsplätze oder als Steuerquelle gäbe? Danach gäbe es ohne Gewinn keinen Nutzen für die Umwelt.

Ist die **Gewinnmaximierung** also doch wichtiger als die **Nutzenmaximierung**? Beides ist wichtig – doch die Kausalität verläuft genau anders herum: Der Gewinn steigt um so stärker, je mehr man sich am Nutzen der Umwelt orientiert. Denn mit dem steigenden **Nutzen** wachsen **Interesse** und **Nachfrage** und damit der **Umsatz** und die **Stückzahlen** von ganz allein. Diese Nutzenstrategie ist die „indirekte Gewinnmaximierung".

Wie können Sie ohne Gewinn-
maximierung viel Geld verdienen?

Kleiner Unterschied – große Wirkung

Der Unterschied zwischen der **direkten** und **indirekten**, d. h. nut-zenorientierten **Gewinnmaximierung** mag zwar auf den ersten Blick gering erscheinen, doch er ist strategisch entscheidend. Das erkennen Sie schon an den unterschiedlichen Instrumenten, mit denen beide Ziele erreicht werden können:

„WENN SIE DIE PROBLEME ANDERER LÖSEN, GEWINNEN SIE AM MEISTEN."

▶ **Direkte Gewinnmaximierung** können Sie schlimmstenfalls nur über Betrug und Raub oder über aggressiven Verkauf und Machtausübung erreichen.

▶ Zur **indirekten Gewinnmaximierung** dagegen gibt es nur einen Weg, nämlich den Nutzen für die Umwelt – besser noch für Ihre fest umrissene **Zielgruppe** – zu steigern.

Besonders erfolgreiche Unternehmer haben es uns vorgemacht, z.B. Henry Ford oder Gottlieb Duttweiler.

Werden Sie in sieben Schritten zum besten Nutzenanbieter für Ihre Zielgruppe!

Mit Hilfe der EKS-Strategie sind Sie in der Lage, den Nutzen für Ihre Zielgruppe und als indirekte Folge davon Ihre Gewinne kon-sequent zu steigern. Wie das im einzelnen geht, hat **Wolfgang Mewes** in seinem **Sieben-Phasen-Konzept** genau beschrieben:

▶ (1) Von der **Stärken-Analyse** und der

▶ (2) Suche nach dem passenden **Geschäfts-/Berufsfeld** sowie der

▶ (3) Auswahl der erfolgversprechendsten **Zielgruppe**

▶ (4) über die **Problemanalyse** innerhalb der Zielgruppe,

▶ (5) die notwendige **Innovation** und

▶ (6) geschickte **Kooperation** bis zur

▶ (7) Spezialisierung auf ein **konstantes Grundbedürfnis**.

Das Sieben-Phasen-Konzept ist in jeder Situation und von jedem Menschen anzuwenden – und zwar ganz gleich, ob Sie damit den **Erfolg** Ihres **Unternehmens** oder Ihre eigene **Karriere** fördern wollen.

**EINEN ZUSAMMEN-
FASSENDEN ÜBERBLICK
ÜBER DIE VIER GRUND-
PRINZIPIEN DER EKS
ZEIGT IHNEN DAS NEBEN-
STEHENDE SCHAUBILD:**

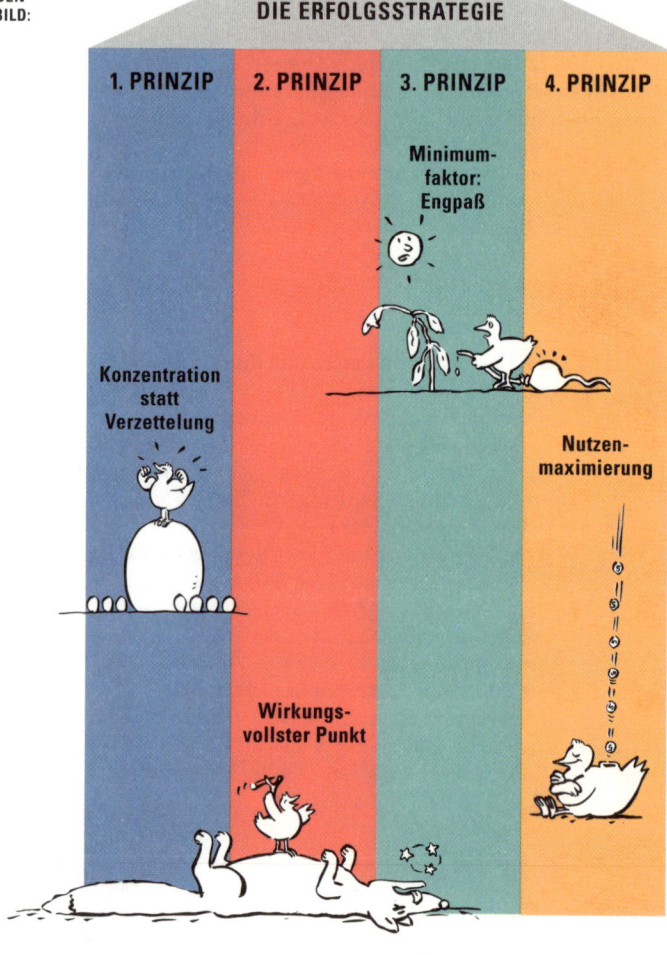

DIE ERFOLGSSTRATEGIE

1. PRINZIP **2. PRINZIP** **3. PRINZIP** **4. PRINZIP**

Minimum-
faktor:
Engpaß

Konzentration
statt
Verzettelung

Nutzen-
maximierung

Wirkungs-
vollster Punkt

Wie laufen die 7 Phasen ab?

Das 7-Phasen-Programm zur Marktführung und Spitzenleistung:

UNSERE GRAFIK ZEIGT IHNEN DEN ZUSAMMEN-HANG ZWISCHEN DEN EINZELNEN PHASEN DER EKS.

EKS Phase 7
Konstantes Grundbedürfnis

EKS Phase 6
Kooperationsstrategie

EKS Phase 1
Ist-Situation und spezielle Stärken

EKS Phase 2
Erfolgversprechendes Geschäftsfeld

EKS Phase 5
Innovationsstrategie

EKS Phase 3
Erfolgversprechendste Zielgruppe

EKS Phase 4
Brennendstes Problem der Zielgruppe

Warum sollten Sie Ihre speziellen Stärken kennen?

„WER SICH AUF SEINE STÄRKEN KONZEN-TRIERT, KANN SEINE SCHWÄCHEN ZUNÄCHST VERNACHLÄSSIGEN."

1. Voraussetzung für Ihren Erfolg: Anders sein als andere

Jedes Unternehmen – auch Ihres – hat **spezielle Stärken**, in denen es sich von der Konkurrenz unterscheidet: Es ist in der Kombination von Fähigkeiten, Image und Know-how **einzigartig** wie ein Fingerabdruck. Für jedes Unternehmen gibt es auch ein ganz spezielles **Aufgabenfeld**, das zu den Stärken paßt und in dem es jedem Konkurrenten überlegen ist. Sie müssen allerdings Ihre speziellen **Stärken** finden und klar **herausarbeiten**. Leider versuchen viele Manager, vermeintlich überlegene Mitbewerber zu kopieren. Besser ist es, sich ein **unverwechselbares Profil** zu schaffen, also anders zu sein als andere.

STÄRKEN-PROFIL

2. Stärken ausbauen – Schwächen vernachlässigen

Verbessern im Sinne der EKS-Strategie heißt: Stärken ausbauen. Viele Menschen glauben, daß sie ihre **Schwächen bekämpfen** müssen, um erfolgreich zu werden. Sie konzentrieren sich darauf, alles Mögliche zu lernen und zu verbessern. Das ist jedoch aus zwei Gründen sinnlos: ▶ Erstens werden Sie lediglich **durchschnittlich**, wenn Sie Ihre Stärken zugunsten Ihrer Schwächen vernachlässigen; ▶ zweitens werden Sie unweigerlich **demotiviert**, wenn Sie sich mit Ihren Schwächen beschäftigen.

KOMPETENZ

3. Erwerben Sie sichtbare Kompetenz

Wer nur ungefähr weiß, wo seine speziellen Stärken liegen, kann das auch seiner **Zielgruppe** nur ungefähr vermitteln. Nur wer seine Stärken ausbaut, kann diese nach außen in einem unverwechselbaren **Leistungsprofil** dokumentieren. Das ist notwendig, damit Sie sich von der Masse der Wettbewerber abheben – denn so steigern Sie automatisch Ihre **Anziehungskraft**.

4. Ohne „Ist" kein „Soll"

Wer etwas verbessern will, muß die **Ausgangslage** kennen. Oft beschränkt man sich dabei auf die Analyse der Bilanzzahlen, der Umsatzstatistiken und der Kosten. Für den dauerhaften Erfolg sind darüber hinaus andere, nämlich **immaterielle Faktoren** wie Know-how, Image oder Kundenbindung verantwortlich. Diese werden im ersten Schritt systematisch erfaßt.

Wie finden Sie Ihre speziellen Stärken?

Eine umfassende **Ist-Analyse** umfaßt vier Bereiche:

1. Arbeiten Sie heraus, was Sie bisher getan haben – und was Sie außerdem tun könnten.

In diesem Zusammehang listen Sie alle **Leistungen** und **Produkte** Ihres Unternehmens auf. Überlegen Sie, was außerdem noch hergestellt werden könnte. Erfassen Sie auch das **immaterielle Vermögen** wie Patente, Lizenzen und Know-how. Gehen Sie hier so genau wie möglich vor. Oft sieht man nämlich nur das durchschnittliche Gesamtergebnis der Leistungen, in denen die potentiellen **Spitzenleistungen** untergehen.

2. Analysieren Sie, welche Probleme Sie bereits gelöst haben.

Welche **Probleme** wurden in Ihrem Unternehmen bereits erfolgreich bewältigt? Arbeiten Sie heraus, welche Probleme Sie **besser** als andere Unternehmen gelöst haben oder lösen können. Ermitteln Sie, welche Probleme Sie **selbst** haben, die einer Änderung bedürfen, und welche **Kundenprobleme** Ihnen bekannt sind. Kein Problem ist einzigartig – viele andere Menschen haben mit Sicherheit das gleiche Problem. Damit haben Sie den ersten Schritt zur Entdeckung einer **Marktnische** getan.

3. Beschreiben Sie Ihre Visionen und Ziele.

Jeder Mensch, also auch jeder Manager, hat **Ziele, Wunschvorstellungen, Vorbilder, Leitbilder** und **Visionen**. Sie steuern – bewußt oder unterbewußt – auch die Entwicklung des Unternehmens in eine positive oder negative Richtung. Wer etwa die Nr. 1 im Schach werden will, wird sich anders verhalten als jemand, der dies im Tennis sein möchte.

4. Untersuchen Sie, welche Beziehungen und welches Image Sie im Markt haben.

Beziehungen, Image und andere **immaterielle Werte** werden von Menschen, die überwiegend materialistisch denken, unterschätzt. Im Spiegel der anderen sieht man sich oft besser als im eigenen. Fragen Sie Mitarbeiter, Freunde, Kunden und andere Geschäftspartner, was man Ihnen zutraut, welches Image Sie genießen.

"JEDER MENSCH UND JEDES UNTERNEHMEN HAT FÜR SEINE LEISTUNG EINEN MARKT."

ERFAHRUNGEN

VISIONEN

Welche Fragen bringen Sie jetzt konkret weiter?

NOTIEREN SIE BEREITS ERSTE STICH-WORTE UND GEDANKEN, DIE IHNEN JETZT IN DEN SINN KOMMEN:

1. Fähigkeiten und Leistungen

▶ Welche **Produkte/Leistungen** stellt Ihr Unternehmen her, welche Produkte/Leistungen könnte es herstellen?

▶ Wie unterscheiden sich diese Produkte und Leistungen von denen der **Mitbewerber** (Qualität, Preis, Service etc.)?

▶ In welchem Bereich ist Ihr **Marktanteil** am größten?

▶ Was würden Sie **am liebsten tun**, wofür wäre Ihr Unternehmen am besten geeignet?

2. Problemlösungs-Erfahrungen

▶ Welche **Zielgruppen-Probleme** löst(e) Ihr Unternehmen bisher?

▶ Welche **internen Probleme** werden oder wurden bisher gelöst?

▶ Welche **Kundenprobleme** könnten noch gelöst werden?

3. Visionen und Ziele

▶ Welche **Wunschbilder** und **Visionen** haben Sie von Ihrem Unternehmen?

▶ Wie lautet Ihre **Unternehmensphilosophie**?

▶ Welche **Zielvorstellungen** gibt es bei Ihnen?

4. Beziehungen und Image

▶ Zu welchen **Zielgruppen** hat oder hatte Ihr Unternehmen eine besonders gute Beziehung?

▶ Was trauen Ihnen Ihre **Kunden** vor allem zu?

▶ Über welche **nützlichen Beziehungen** verfügen Sie (Kunden, Geschäftspartner, Medien, Politiker etc.)?

Was sind die nächsten Schritte zu Ihren speziellen Stärken?

1. Stärken wahllos aufschreiben und intuitiv selektieren

Notieren Sie alle **Stärken**, die sich aus den Fragen auf Seite 26 ergeben, völlig wahllos und wertfrei. **Markieren** Sie dann diejenigen, die Ihnen intuitiv am **wichtigsten** erscheinen.

ABSOLUTE STÄRKEN

2. Relative Stärke gegenüber der Konkurrenz ermitteln

Fragen Sie sich nun, wie stark diese Eigenschaften im **Verhältnis** zu einem repräsentativen **Konkurrenten** ausgeprägt sind (**Bewertungsskala** 0 bis 100, siehe Skaleneinteilung am Ende dieser Seite).

RELATIVE STÄRKEN

3. Stärken aus der Sicht der Zielgruppe bewerten

Fragen Sie sich nun, wie Ihre **Zielgruppe** diese Stärken **bewerten** würde. Abweichungen gegenüber Ihrer Bewertung geben Ihnen Hinweise darauf, ob Ihr **Eigenbild** von dem Bild abweicht, das sich **Fremde** von Ihnen machen. Fragen Sie nach den Ursachen!

ZIELGRUPPEN

4. Größte, erfolgversprechendste Stärken herausarbeiten

Sortieren Sie nun die am **höchsten** bewerteten **Stärken** heraus, und tragen Sie diese mit den dazugehörigen Werten in das Kästchen am Ende dieser Seite (→ **Stärken-Profil**) ein. Betrachten Sie nun Ihr **Stärken-Profil**! Welche Stärken sind die **herausragendsten**? Ergibt sich aus der **Kombination** einzelner Stärken schon eine herausragende Leistung?

GRÖSSTE STÄRKEN

5. Grad der persönlichen Identifikation einschätzen

Können Sie sich mit dem Ergebnis **identifizieren**? Wenn nicht, suchen Sie nach **anderen Kombinationen**. Nur, was Sie **gern** tun, machen Sie auch **gut** – und das soll das Ergebnis Ihrer **Strategie** sein.

STÄRKEN-KOMBINATION

6. Das Stärken-Profil meines Unternehmens:	0 50 100
•	
•	
•	

Skalen: 0 = völlig unterdurchschnittlich im Vergleich zum Wettbewerb, 50 = durchschnittlich im Vergleich zum Wettbewerb, 100 = besonders überdurchschnittlich im Vergleich zum Wettbewerb

Warum gehören Stärken und Geschäftsfeld zusammen?

„LIEBER DER ERSTE
IM DORF ALS DER
ZWEITE IN DER STADT.“
(CÄSAR)

1. Ihre Stärken sollen zum Geschäftsfeld passen wie der Schlüssel zum Schloß.

Ausgangspunkt des zweiten Schrittes ist das **Stärkenprofil**. Es ist wie ein **Schlüssel**, für den es nun ein passendes **Schloß**, also das **passende Geschäftsfeld**, zu finden gilt. Das in Phase 2 ermittelte Geschäftsfeld dient zunächst nur einer groben Orientierung. Es wird in diesem Schritt noch nicht endgültig festgelegt.

MARKTORIENTIERUNG

2. Ihre größte Stärke ist nichts wert, wenn niemand bereit ist, dafür zu bezahlen.

Darum gilt es nun in Phase 2, ein Geschäftsfeld, also einen **Markt**, zu **finden**, auf dem Sie Ihre **Stärken** optimal zur Geltung bringen können. Fragen Sie sich also jetzt nach den möglichen **Verwendungszwecken** Ihrer speziellen Stärken.

EIGEN-MOTIVATION

3. Was Sie gut und gern tun, hat die beste Chance, zur Spitzenleistung zu werden.

Auf dem **Geschäftsfeld**, das den **eigenen Stärken** am besten **entspricht**, agiert man von vornherein am sichersten und erfolgreichsten. Wichtig ist, daß Sie sich mit Ihrem Geschäftsfeld voll **identifizieren** können.

4. Ihre Geschäftsfelder sollen Sie selbst bestimmen und sich nicht von außen aufdrängen lassen.

Viele Manager und Unternehmer lassen ihr Geschäftsfeld von außen bestimmen – entweder von **Kunden**, denen immer alles recht gemacht werden soll, oder von **Wettbewerbern**, die den Großteil des Marktes scheinbar unter Kontrolle haben.

5. Auf einem zunächst kleinen Geschäftsfeld Erster zu sein ist besser, als auf einem großen Durchschnitt zu sein.

Wichtig ist, von vornherein ein Geschäftsfeld zu suchen, das genau den **eigenen Kräften entspricht**. Es ist besser, zunächst ein zu kleines als ein zu großes zu wählen.

Wie finden Sie Ihr erfolgversprechendstes Geschäftsfeld?

1. Leiten Sie aus Ihrem Stärkenprofil möglichst viele Geschäftsfelder ab.

Oft können Sie das **Geschäftsfeld** direkt aus dem **Stärkenprofil** ableiten. Geben Sie dennoch die Suche nicht vorzeitig auf, sondern suchen Sie intensiv und methodisch weiter. Eine gewisse **Genauigkeit** ist notwendig. Sie sollte aber nicht übertrieben werden. Zunächst genügt eine grobe **Orientierung**.

„DO IT, TRY IT, FIX IT!"
(TH. J. PETERS,
R. H. WATERMAN)

2. Je enger Sie Ihr Geschäftsfeld definieren, desto schneller wächst Ihr Marktanteil.

Je präziser Sie Ihr Geschäftsfeld definieren können, desto schneller haben Sie Ihre ersten **Erfolge**, desto stärker steigt Ihre **Motivation**, und desto schneller wird das **Wachstum** verlaufen. Schnelle Anfangserfolge sind wichtig: Sie ziehen eine **Kettenreaktion** anderer positiver Wirkungen nach sich.

ENGES GESCHÄFTSFELD

3. Ihr Geschäftsfeld können Sie ausdehnen, wenn Sie Ihren Stärken treu bleiben.

Zaudern Sie nicht, Ihr **Geschäftsfeld** zunächst sehr **klein** zu **definieren**! Wenn Sie einen Anfangserfolg erzielt haben, die **Marktnische** also erschlossen haben, können Sie Ihr **Geschäftsfeld** sukzessive **ausdehnen**.

4. Bedenken Sie stets: „Probieren geht über Studieren!"

Wälzen Sie Ihre potentiellen Geschäftsfelder nicht tage- und monatelang im Kopf herum, sondern machen Sie sich möglichst rasch an die **Erprobung**. Am besten gehen Sie mit der EKS-Strategie stets im **Trial-and-Error**-Verfahren vor: Sie machen einen kleinen Schritt in die grundsätzlich richtige Richtung und setzen die dort gewonnenen Erfahrungen um. D. h., Sie lassen sich – wenn nötig – von außen korrigieren und erproben dann auf dieselbe Weise den nächsten Schritt. Damit begrenzen Sie Ihre **Risiken** auf ein **Minimum**.

GESCHÄFTSFELDER TESTEN

Welche Fragen bringen Sie jetzt konkret weiter?

NOTIEREN SIE
BEREITS ERSTE STICH-
WORTE UND GEDANKEN,
DIE IHNEN JETZT IN DEN
SINN KOMMEN:

1. Welche Geschäftsfelder ergeben sich unmittelbar aus Ihren **speziellen Stärken?**

2. Welche **weiteren Verwendungszwecke** und Vermarktungschancen sehen Sie für Ihre Stärken?

3. Welche Geschäftsfelder ergeben sich aus der **Kombination** einzelner Stärken?

4. Welche **Probleme** können mit Ihren speziellen **Stärken** gelöst werden?

5. Welche **Aufgaben-** und Geschäftsfelder hatte Ihr Unternehmen **bisher?**

6. Welche **Aufgaben-** und Geschäftsfelder hat Ihr Unternehmen **zur Zeit?**

7. Auf welchen Geschäftsfeldern hat Ihr Unternehmen bisher die **stärkste Marktstellung?**

8. Auf welchen Geschäftsfeldern kann Ihr Unternehmen relativ **rasch** die **Marktführung** übernehmen?

9. Mit welchem Geschäftsfeld können Sie sich am **stärksten identifizieren?**

10. Auf welchem Geschäftsfeld ist die **Nachfrage** am **größten?**

Was sind die nächsten Schritte zum erfolgversprechendsten Geschäftsfeld?

1. Sammeln Sie möglichst viele Geschäftsfelder.

Tun Sie dies **unabhängig** davon, ob sie sich derzeit **realisieren** lassen oder nicht. Mit Hilfe von Phase 5 und 6 (**Innovations- und Kooperationsstrategie**) können Sie auch Aufgaben lösen, die momentan nicht zu bewältigen zu sein scheinen.

2. Suchen Sie intuitiv einige erfolgversprechende Geschäftsfelder aus.

INTUITION

Dazu zählen solche, zu denen man eine **starke Neigung** hat, für die man eine **Realisierungschance** sieht, oder wo Sie bereits eine **starke Marktstellung** haben.

3. Bewerten Sie Ihre Geschäftsfelder:

BEWERTUNG

▶ Welche Geschäftsfelder stimmen am stärksten mit Ihren speziellen **Stärken** überein (Schlüssel = Schloß!)?
▶ Auf welchen Geschäftsfeldern werden Sie **am liebsten** aktiv?
▶ Auf welchem Geschäftsfeld haben Sie das größte Marktführungs-**Potential**?

Erfolgversprechende Geschäftsfelder	Stärke	Priorität	Potential	Summe

▶ Tragen Sie **Werte zwischen 0 und 100** ein. 100 Punkte = höchste Bewertung, d.h. völlige Übereinstimmung mit den Stärken oder höchste Priorität oder höchstes Marktpotential.
▶ Addieren Sie zeilenweise alle Werte, und tragen Sie diese in die Spalte „**Summe**" ein.

Die höchste Punktzahl gibt Ihnen einen Hinweis auf das **erfolgversprechendste Geschäftsfeld**.

4. Mein erfolgversprechendstes Geschäftsfeld lautet:

Zusammenfassung:
7 Leitsätze für strategische
Stärken-Analysen

Phase 1: Ist-Situation und Stärken-Analyse

1. Seien Sie anders als andere – werden Sie einzigartig!

2. Bauen Sie gezielt Ihre Stärken aus – vernachlässigen Sie Ihre Schwächen!

3. Analysieren Sie Ihre Ist-Situation – Sie werden Ihre speziellen Stärken entdecken!

4. Suchen Sie konsequent nach Ihren Stärken – sie sind überall vorhanden!

5. Identifizieren Sie die größten Stärken, und kombinieren Sie diese zu neuen Leistungen!

6. Bauen Sie Ihr persönliches, unverwechselbares Stärken- und Leistungsprofil auf!

7. Schärfen Sie Ihren Blick für neue Betätigungsfelder und Chancen!

UMSETZUNG

Werten Sie diese Phase für Ihre persönlichen oder unternehmerischen Zwecke unbedingt aus. Halten Sie kurz Ihre **drei wichtigsten Gedanken** oder Einsichten fest. „**Do not only th-ink it, ink it!**" Stichworte oder ein maßgebendes Schlüsselwort genügen:

Meine drei wichtigsten Gedanken, Einsichten, Schlüsselworte:

-
-
-

Zusammenfassung:
7 Leitsätze für erfolgversprechende Geschäftsfelder

Phase 2: Erfolgversprechendstes Geschäftsfeld

1. Sind die Stärken Ihr Schlüssel, haben Sie mit dem Geschäftsfeld Ihr passendes Schloß!

2. Seien Sie lieber auf einem kleinen Geschäftsfeld der Erste als woanders der Zweite!

3. Was Sie gut und gerne tun, das machen Sie auch erfolgreich = Spitzenleistung!

4. Je enger Sie Ihr Geschäftsfeld definieren, desto schneller wird Ihr Erfolg sichtbar!

5. Entfalten Sie auf dem erfolgversprechendsten Geschäftsfeld Ihre speziellen Stärken!

6. Durch „Versuch und Irrtum" finden Sie das zu Ihrem Stärkenprofil passende Geschäftsfeld!

7. Sie können beliebig wachsen, wenn Sie Ihren Stärken treu bleiben!

UMSETZUNG

Werten Sie diese Phase für Ihre persönlichen oder unternehmerischen Zwecke unbedingt aus. Halten Sie kurz Ihre **drei wichtigsten Gedanken** oder Einsichten fest. „**Do not only th-ink it, ink it!**" Stichworte oder ein maßgebendes Schlüsselwort genügen:

Meine drei wichtigsten Gedanken, Einsichten, Schlüsselworte:

-
-
-

Warum auf Zielgruppen statt auf Geschäftsfelder konzentrieren?

1. Nicht für abstrakte Geschäftsfelder, sondern für Menschen (= Zielgruppen) sind Ihre Leistungen bestimmt.
Darum suchen Sie in der dritten Phase der EKS-Strategie nach der erfolgversprechendsten Zielgruppe, die hinter Ihrem Geschäftsfeld steht. Denn Ihre Leistungen sind nicht für einen abstrakten Markt bestimmt, sondern stets für Menschen. Eine **Zielgruppe** im Sinne der EKS-Strategie sind **Menschen mit gleichen** Wünschen, **Bedürfnissen** oder Problemen.

DIALOG

2. Nur über den Dialog mit Ihrer Zielgruppe können Sie Ihre Leistungen zu konkurrenzlosen Spitzenleistungen ausbauen.
Mit theoretischen Überlegungen „am grünen Tisch" werden Sie Ihre erfolgversprechendste Zielgruppe nicht finden. Und ohne **Feedback** werden Sie ihr kaum ein maßgeschneidertes Angebot präsentieren können. Vergessen Sie nie: Ihre Leistung soll sich den **Wünschen der Zielgruppe** anpassen – und nicht umgekehrt.

LERNPROZESS

3. Die Zielgruppenorientierung löst einen Lernprozeß aus.
Sie erkennen die Veränderungen der Bedürfnisse, Probleme und Widerstände der Zielgruppe genauer und schneller als die Mitbewerber – und sichern sich damit einen dauerhaften **Wettbewerbsvorsprung**. Umgekehrt lernt die Zielgruppe Ihre Leistungen besser kennen. Ohne diesen **wechselseitigen Lernprozeß** entwickelt sich Ihr Unternehmen eher zufällig.

4. Nur durch eine genaue Segmentierung Ihrer Zielgruppe finden Sie Ihre passende Marktnische.
Je genauer Sie Ihre Zielgruppe definieren, desto eindeutiger können Sie Ihre Leistungen auf deren spezielle Bedürfnisse ausrichten. Das **Echo** Ihrer **Zielgruppe** steuert Sie automatisch in die erfolgversprechendste **Marktnische**.

5. Ihre Zielgruppe ist wichtiger als Ihre kapitalen Werte.
Die **immateriellen Vermögenswerte** Ihres Unternehmens wie Wettbewerbsvorsprung, Kundenbindung oder Marktmacht werden relativ schnell wachsen und damit den Ertrags- und Marktwert erhöhen. Ihr strategisches Ziel lautet: Werden Sie der führende Nutzenanbieter Ihrer Zielgruppe!

Wie finden Sie Ihre erfolgver-
sprechendste Zielgruppe?

1. Ermitteln Sie die Zielgruppen hinter Ihrem Geschäftsfeld.
Sie verfahren dabei methodisch wie in den Phasen 1 und 2 mittels Brainstorming. Suchen Sie **so viele** Zielgruppen **wie möglich**!
Beispiel: Hinter dem Geschäftsfeld „Reinigen" stehen die Reinigungsprobleme von Bürobetrieben, Betreibern von Industrieanlagen, Krankenhäusern usw. Jede dieser Zielgruppen läßt sich noch weiter segmentieren – nach ihrer Größe, ihrer regionalen Streuung und vielen anderen Kriterien.

„EINE GENAUE ZIEL-
GRUPPEN-ORIENTIERUNG
IST DER WICHTIGSTE
STRATEGISCHE ERFOLGS-
FAKTOR."

2. Finden Sie heraus, welche Zielgruppe den dringendsten Bedarf nach Ihrer Leistung hat.
Suchen Sie diejenige **Zielgruppe**, deren Probleme mit Ihren Problemlösungsfähigkeiten am stärksten übereinstimmen. Wenn Sie meinen, für verschiedene Zielgruppen ein gleich guter **Problemlöser** sein zu können, müssen Sie sich zunächst für eine dieser Zielgruppen entscheiden. Dies gelingt nur durch praktische **Zielgruppentests**. Formulieren Sie Ihr Angebot, und unterbreiten Sie es repräsentativen Vertretern der Zielgruppe. Registrieren Sie sowohl die ablehnenden wie auch die positiven Reaktionen!

BEDARFS-ANALYSE

3. Analysieren Sie Ihre derzeitigen Kunden: Welche sind die angenehmsten und lukrativsten? Bei welchen haben Sie die beste Resonanz?
Befragen Sie diese Kunden, warum Sie bei Ihnen und nicht bei der **Konkurrenz** kaufen. Diese Analyse gibt Ihnen noch einmal Hinweise auf Ihre speziellen Problemlösungsfähigkeiten und auf die erfolgversprechendste Zielgruppe.

KUNDEN-ANALYSE

4. Formulieren Sie Ihre ideale Zielgruppe.
Idealvorstellungen haben die Neigung, zur **Realität** zu werden. Fragen Sie sich also, wie die ideale Zielgruppe für Ihre Leistungen aussehen sollte. Suchen Sie dann systematisch, auf welche Menschen diese Merkmale in der Realität zutreffen. Versuchen Sie, diese Zielgruppe **konkret** zu **definieren**, und finden Sie heraus, über welche Medien sie angesprochen werden kann.

Welche Fragen bringen Sie jetzt konkret weiter?

1. Welche Zielgruppe entspricht der **Stärke** Ihres Unternehmens?

2. Welche Zielgruppen hatte Ihr Unternehmen **früher**?

3. Welche Zielgruppen hat Ihr Unternehmen **jetzt**?

4. Welche Zielgruppen sind für Sie die **angenehmsten** und lohnendsten?

5. Bei welchen Zielgruppen lösen Sie ein besonders **brennendes Problem**?

6. Bei welchen Zielgruppen **könnten** Sie ein besonders brennendes Problem lösen?

7. Welche Zielgruppe hat den **dringendsten Bedarf** nach Ihrer Leistung oder könnte ihn haben?

8. Auf welche Zielgruppen übt Ihr Unternehmen die größte Anziehungskraft aus?

9. Wie würde Ihr/e **Lieblingskunde/in** aussehen?

10. Wie sieht die für das **Geschäftsfeld theoretisch** optimale Zielgruppe aus?

Was sind die nächsten Schritte zur erfolgversprechendsten Zielgruppe?

1. Tragen Sie möglichst viele Zielgruppen zusammen.

Lassen Sie sich nicht davon irritieren, wenn Sie bisher noch keinerlei **Kontakt** mit dieser Zielgruppe hatten. Es gibt viele Wege, auf denen Sie kostengünstig testen können, ob diese Zielgruppen auf Ihr Angebot reagieren oder nicht.

„JE KLARER UND HOMO-GENER DIE ZIELGRUPPE IST, DESTO KLARER SIND DIE PROBLEME UND DEREN RANGFOLGE ZU ERKENNEN.“

2. Suchen Sie intuitiv einige erfolgversprechende Zielgruppen aus.

Das werden in aller Regel solche sein, zu denen Sie schon heute ein **gutes Verhältnis** haben oder von denen Sie glauben, daß Sie deren **Probleme** am besten **lösen** können.

INTUITION

3. Bewerten Sie Ihre Zielgruppen nach folgenden Kriterien:
▶ Welche Zielgruppen haben den **größten Bedarf** nach Ihrer Leistung?
▶ Zu welchen Zielgruppen haben Sie den **besten Kontakt**?
▶ Welcher Zielgruppe können Sie den **größten Nutzen** bieten?

BEWERTUNG

Erfolgversprechende Zielgruppen	Bedarf	Kontakt	Nutzen	Summe

▶ Tragen Sie **Werte zwischen 0 und 100** ein. 100 Punkte = höchste Bewertung, d.h. größter Bedarf bei der Zielgruppe oder bester Kontakt oder größtes Nutzenpotential.
▶ Addieren Sie zeilenweise alle Werte, und tragen Sie diese in die Spalte „**Summe**" ein.

Die höchste Punktzahl gibt Ihnen einen Hinweis auf die **erfolgversprechendste Zielgruppe**. Achtung: Die erfolgversprechendste Zielgruppe finden Sie nicht durch systematische Bewertungen, sondern nur durch **praktische Tests**! Diese Vorarbeiten dienen lediglich einer groben Orientierung.

4. Meine erfolgversprechendste Zielgruppe lautet:

Warum ist das brennendste Problem für Ihren Erfolg so wichtig?

„PROBLEME SIND CHANCEN IN ARBEITSKLEIDUNG."

1. Auch Ihr Unternehmen ist dazu da, um Probleme zu lösen, und erst in zweiter Linie, um Produkte zu verkaufen.
Der Erfolg eines Unternehmens wird nicht von der Größe seiner Kräfte und Mittel bestimmt, sondern von der Fähigkeit, die Leistungen besser und präziser als die Konkurrenz auf das von der **Zielgruppe am brennendsten empfundene Problem** zu richten.

2. Jedes Produkt und jede Leistung sollte beim Kunden ein Problem lösen.
Je größer das Problem, desto größer ist die Akzeptanz und die Nachfrage, wenn die Leistung genau dieses Problem löst. Bei **existentiell wichtigen Problemen** sind viele Menschen sogar bereit, bedenkenlos nach jedem rettenden Strohhalm zu greifen.

MARKTCHANCEN

3. Je mehr Probleme, desto besser!
Hinter jedem **Problem** steht der Bedarf nach einer Problemlösung. Und jede Problemlösung ist zugleich eine **Marktchance**, die Umsatz und Gewinn verspricht. Viele Menschen neigen dazu, Problemen aus dem Wege zu gehen. Machen Sie es anders – nutzen Sie die Chancen, die sich hinter den Problemen verbergen.

4. Je genauer Sie auf ein brennendes Problem Ihrer Zielgruppe zielen, desto größer wird Ihr Erfolg sein.
Achtung: Entscheidend ist allein, welches **Problem** die **Zielgruppe** für ihr **wichtigstes** hält – und nicht, welches Sie selbst dafür halten. Sobald Sie das aktuell am brennendsten empfundene Problem gelöst haben, müssen Sie sich dem nächsten widmen.

Nur so können Sie dauerhaft Spitzenleistungen bringen. Der „**Pfad der brennendsten Probleme**", der sich auf diese Weise abzeichnet, zeigt Ihnen außerdem den Weg zur gefahrlosen **Spezialisierung** (Näheres finden Sie in → Phase 7: Das konstante Grundbedürfnis).

Wie finden Sie das brennendste Problem Ihrer Zielgruppe?

Hinweis: Das brennendste Problem können Sie nur im direkten Kontakt mit Ihrer Zielgruppe erfahren. Die folgenden Fragen und Bewertungsraster verhelfen Ihnen zum Einstieg in diese Phase.

„ICH KANN EINEN ANDEREN ERST RICHTIG VERSTEHEN, WENN ICH EINIGE MEILEN IN SEINEN MOKASSINS GELAUFEN BIN." (INDIANISCHE WEISHEIT)

1. Denken Sie altero-zentriert.

Das brennendste Problem Ihrer Zielgruppe finden Sie nur dann, wenn im Mittelpunkt Ihres Denkens die Frage steht: Wie kann ich den **Nutzen meiner Zielgruppe steigern**? Je besser Sie die Probleme Ihrer Zielgruppe lösen, desto besser lösen Sie auch Ihre eigenen. Nachfrage, Umsatz und Gewinn steigen dann automatisch.

2. Versetzen Sie sich in die Lage Ihrer Zielgruppe, und ergründen Sie, welche Probleme diese haben könnte.

PROBLEMANALYSE

Ihr wichtigstes Orientierungsinstrument ist eine **regelmäßige Bedarfs- und Problemanalyse**. Damit können Sie sicher sein, daß Sie stets auf wandelnde Bedürfnisse reagieren können – und vor allen anderen Konkurrenten neue Marktchancen entdecken. Sie können die Zielgruppe fallweise oder kontinuierlich befragen. Das fördert die Zielgruppen-Probleme zuverlässiger zutage als Mutmaßungen und Spekulationen.

3. Spielen Sie in Gedanken die Entstehung, Benutzung und Entsorgung Ihrer Leistung durch; überlegen Sie, welche Probleme dabei auftauchen könnten.

Notieren Sie alle Probleme, die im Rahmen dieser **Ablaufstudie** auftauchen. Diskutieren Sie dieses Ergebnis mit repräsentativen Vertretern der Zielgruppe, und finden Sie heraus, welche Probleme die dringlichsten sind.

4. Kreisen Sie das brennendste Problem im Dialog-System ein.

DIALOG-SYSTEM

Kreisen Sie das brennendste Problem grob ein, erarbeiten Sie einen **Lösungsvorschlag**, und diskutieren Sie ihn mit repräsentativen **Vertretern Ihrer Zielgruppe**, mit denen Sie ein gutes Verhältnis haben. Verschiedene Zielgruppen haben verschiedene, sich manchmal widersprechende Probleme. Das erschwert den Dialog, weil das Feedback wie ein wirrer „Wellensalat" erscheint. Dann muß die Zielgruppe noch enger eingekreist werden.

Welche Fragen bringen Sie jetzt konkret weiter?

1. Welche **Zielgruppen-Probleme**, d.h. welche Wünsche, Bedürfnisse, Sorgen und Reklamationen sind Ihnen bereits bekannt?

2. Welche **Probleme lösen** Sie bereits, und welche könnten noch besser gelöst werden?

3. Welche **Kunden** haben Sie in der **Vergangenheit** verloren? Erkundigen Sie sich nach deren Motiven.

4. Welche **Kunden** haben Sie in der letzten Zeit dazu**gewonnen** – und warum?

5. Welche Reaktionen zeigen Ihre Kunden auf Ihre **Angebote**? Denken Sie nicht nur an Auftragseingänge, sondern auch an menschliche Reaktionen, z.B. Sympathie und Ablehnung?

6. Welches wäre Ihr brennendstes Problem, wenn Sie sich in der Situation Ihrer **Zielgruppe** befänden?

7. Welche **Probleme** könnten auftauchen, die im Zusammenhang mit den Produkten und Leistungen Ihres **Unternehmens** stehen?

8. Welche dieser Probleme könnten Sie besser lösen, und was hindert Sie daran (**interner Engpaß**)?

9. Welche Probleme empfindet Ihre Zielgruppe als besonders brennend (**Umfrageergebnisse**)?

10. Mit welchen Mitteln können Sie **dauerhaft** in Kontakt mit Ihrer Zielgruppe bleiben (z.B. Kundenseminare, Workshops, Beiräte)?

Was sind die nächsten Schritte zum brennendsten Problem Ihrer Zielgruppe?

1. Tragen Sie alle Probleme Ihrer Zielgruppe zusammen, die irgendwie mit Ihrer Leistung zusammenhängen.
Beschränken Sie sich dabei auf jene Probleme, die im weiteren Rahmen Ihres Geschäftsfeldes liegen.

2. Selektieren Sie die Probleme Ihrer Zielgruppe nach ihrer Dringlichkeit, und bringen Sie diese in eine Reihenfolge.
Achtung: Die folgenden Selektions- und Bewertungsprozesse können nur durch ständigen Dialog mit der Zielgruppe erfolgen.

BRENNWIRKUNG

3. Bewerten Sie die brennenden Probleme Ihrer Zielgruppe nach folgenden Kriterien:
▶ Welches Problem wird von Ihrer Zielgruppe derzeit **subjektiv** am brennendsten empfunden?
▶ Welches dieser Probleme können Sie mit Ihren **derzeitigen** Kräften und **Mitteln** aus Sicht der Zielgruppe am überzeugendsten und schnellsten lösen?

BEWERTUNG

Brennende Probleme der Zielgruppe	subjektives Empfinden	objektive *) Kompetenz	Priorität A / B / C

*) „Objektiv" bedeutet: Es genügt, wenn die Zielgruppe glaubt, daß Sie der beste Problemlöser sind. Ob dies objektiv zutrifft, spielt dabei keine Rolle.

▶ Tragen Sie **Werte zwischen 0 und 100** ein. 100 Punkte = höchste Bewertung, d.h. das von der Zielgruppe am brennendsten empfundene Problem oder die Situation, die Sie am überzeugendsten und schnellsten lösen können. Auch hier gilt: Nur praktische Tests führen zum richtigen Ergebnis.

Das **brennendste Problem Ihrer Zielgruppe** (Priorität A) steht künftig im Mittelpunkt Ihres Handelns. Sollten Sie dieses Problem in naher Zukunft noch nicht überzeugend lösen können, so widmen Sie sich kurzfristig einem anderen brennenden Problem (Priorität B), aber arbeiten Sie konstant an der Lösung des brennendsten Problems.

4. Das brennendste Problem meiner Zielgruppe lautet:

Zusammenfassung:
7 Leitsätze für konsequentes
Zielgruppen-Denken

Phase 3: Erfolgversprechendste Zielgruppe

1. Denken Sie um: Von der Produktorientierung zur Zielgruppenkonzentrierung!

2. Beachten Sie: Zielgruppen sind Menschen mit gleichen Problemen oder Bedürfnissen!

3. Konzentrieren Sie sich auf Zielgruppen und deren besonders brennende Probleme!

4. Differenzieren Sie Ihre Zielgruppe eindeutig, d. h. so klein und homogen wie möglich!

5. Werden Sie zum besten und stärksten Problemlöser Ihrer Zielgruppe (= Marktführer)!

6. Bleiben Sie in ständigem Dialog mit Ihrer Zielgruppe (Feedback als Lernprozeß)!

7. Verbessern Sie Ihre Leistungen ständig im Hinblick auf die Bedürfnisse Ihrer Zielgruppe!

UMSETZUNG

Werten Sie diese Phase für Ihre persönlichen oder unternehmerischen Zwecke unbedingt aus. Halten Sie kurz Ihre **drei wichtigsten Gedanken** oder Einsichten fest. „**Do not only th-ink it, ink it!**" Stichworte oder ein maßgebendes Schlüsselwort genügen:

Meine drei wichtigsten Gedanken, Einsichten, Schlüsselworte:

-
-
-

42

Zusammenfassung:
7 Leitsätze für permanentes Problembewußtsein

Phase 4: Brennendstes Problem der Zielgruppe

1. Denken Sie alterozentriert statt egozentriert: Betrachten Sie alles aus Sicht der Zielgruppe!

2. Jede Zielgruppe hat viele verschiedene, unterschiedlich starke Probleme!

3. Konzentrieren Sie sich in Ihren Aktivitäten auf das brennendste Problem einer Zielgruppe!

4. Treten Sie in einen ständigen Dialog mit Ihrer Zielgruppe über das brennendste Problem ein!

5. Entscheidend ist allein, welches Problem die Zielgruppe für ihr wichtigstes hält!

6. Über die Lösung des brennendsten Problems bieten Sie der Zielgruppe einen zwingenden Nutzen!

7. Nach Lösung des brennendsten Problems müssen Sie sich konsequent dem nächsten widmen!

UMSETZUNG

Werten Sie diese Phase für Ihre persönlichen oder unternehmerischen Zwecke unbedingt aus. Halten Sie kurz Ihre **drei wichtigsten Gedanken** oder Einsichten fest. „**Do not only th-ink it, ink it!**" Stichworte oder ein maßgebendes Schlüsselwort genügen:

Meine drei wichtigsten Gedanken, Einsichten, Schlüsselworte:

-
-
-

43

Warum ist Innovation Ihre strategische Daueraufgabe?

„WER AUFGEHÖRT HAT, BESSER ZU WERDEN, HAT AUFGEHÖRT, GUT ZU SEIN."

1. Ihre Leistung kann und muß permanent verbessert werden.

Die **Konkurrenz** ist heute auf vielen Märkten so groß, und die Rahmenbedingungen ändern sich derartig schnell, daß ein **Stillstand** früher oder später Ihre **Wettbewerbsfähigkeit** einschränkt. „Innovate or die" lautet darum auch die Devise von Tom Peters, einem der weltweit renommiertesten Unternehmensberater.

2. Die Bedürfnisse und Probleme Ihrer Kunden ändern sich ständig.

Da Sie in erster Linie **bester Problemlöser** Ihres Kunden sein wollen, müssen Sie auch Ihre Leistungen bzw. Produkte für Ihre Kunden ständig anpassen.

LEISTUNGSVERBESSERUNG

3. Innovation im Sinne der EKS-Strategie heißt: Leistungsverbesserung.

Sie decken eine große Bandbreite von **Verbesserungsmöglichkeiten** ab – angefangen vom freundlichen Auftreten bis zur bahnbrechenden technischen Erfindung.

4. Mit der EKS-Strategie sind selbst mit begrenzten Kräften auch für Sie große Innovationen möglich.

Näheres zeigt Ihnen → Phase 6: Kooperationsstrategie.

5. Ihre Innovation muß sich immer am brennendsten Problem Ihrer Zielgruppe orientieren.

Hier sind Sie als Anwender der EKS-Strategie der Konkurrenz stets einen entscheidenden Schritt voraus: Sie innovieren nicht wahllos und mehr oder weniger zufällig, sondern immer streng am jeweils **brennendsten Problem der Zielgruppe** orientiert.

6. Sie reduzieren Ihr Investitionsrisiko praktisch auf Null.

Voraussetzung ist allerdings wieder das Dialog-System: Jeder Innovationsschritt muß sich am **Echo der Zielgruppe** orientieren.

Wie entwickeln Sie überzeugende Innovationen?

1. Formulieren Sie das brennendste Problem Ihrer Zielgruppe.
Stellen Sie fest, wie Ihre Leistung aussehen müßte, um dieses Problem **optimal** oder **besser** als die Konkurrenz zu lösen.

„DAS BESSERE IST DES GUTEN FEIND."

2. Suchen Sie das Gespräch mit der Zielgruppe.
Stellen Sie im Dialog mit Ihrer Zielgruppe fest, ob diese Lösung akzeptiert wird. Formulieren Sie dann eine **vorläufige Innovationsidee**, auf die Sie zukünftig alle Ihre Kräfte konzentrieren.

ZIELGRUPPEN-DIALOG

3. Interne Engpaßanalyse: Stellen Sie fest, was Sie an der Realisierung dieser Lösung hindert.
Stellen Sie fest, welche dieser internen Engpässe Sie aus eigener Kraft lösen können und wo Ihnen Know-how und Erfahrung fehlt. Suchen Sie dafür **Kooperationspartner**, mit deren Hilfe diese Engpässe überwunden werden können (→ Phase 6: Kooperationsstrategie).

ENGPASS-ANALYSE

4. Verbessern Sie Ihr Informationsmanagement.
Konzentrieren Sie sich auf den jeweiligen Engpaß, und suchen Sie gezielt und systematisch nach **Informationen**, die den Engpaß überbrücken. Arbeiten Sie stets schriftlich, und richten Sie eine Sammelstelle für Ihre **Innovationsideen** ein. Eine gute Hilfestellung bietet die **EKS-Kartei** und die Software **EKS-PC** (→ nähere Informationen im Literaturverzeichnis).

INFORMATIONEN

5. Entwickeln Sie nicht selbst, was andere bereits gelöst und entwickelt haben.
Kein Problem ist völlig neu – für viele Probleme wurden bereits in anderen Bereichen **Lösungen** entwickelt oder finden sich **Vorbilder** in der Natur. Bauen Sie prinzipiell auf den Leistungen anderer auf, und entwickeln Sie davon ausgehend Ihre eigene Lösung.

Welche Fragen bringen Sie jetzt konkret weiter?

NOTIEREN SIE BEREITS ERSTE STICH-WORTE UND GEDANKEN, DIE IHNEN JETZT IN DEN SINN KOMMEN:

1. Welche grundsätzlichen Verbesserungsmöglichkeiten (**Innovationen**) sehen Sie in Ihren Leistungen und Produkten?

2. Welche Innovationen lösen das von der Zielgruppe am brennendsten empfundene **Problem**?

3. Welche Mitglieder der Zielgruppe sind für einen **Akzeptanz-Test** geeignet?

4. Wie sieht die **ideale** Problemlösung aus?

5. Wie wird dieses Problem **bisher** gelöst?

6. Welche anderen Lösungsansätze sind denkbar?

7. Was hindert Sie an der **Durchführung** der Innovationen? Listen Sie alle denkbaren **Engpässe** auf!

8. Welcher **Engpaß** behindert die Innovation am stärksten?

9. Welche Informationen und welches **Know-how** brauchen Sie, um die Innovation durchzuführen?

10. Welche Engpässe sind nur mit Hilfe von **Kooperationspartnern** zu lösen?

Was sind die nächsten Schritte zur überzeugendsten Innovation?

1. Ausgehend vom brennendsten Problem Ihrer Zielgruppe, formulieren Sie eine Ideallösung:

IDEALLÖSUNG

2. Wenn Sie sicher sind, daß die Zielgruppe Ihre Lösung akzeptiert, zerlegen Sie die gesamte Problemlösung in Teilschritte und bewerten diese nach ihrer Machbarkeit:

BEWERTUNG

Teilschritte zur Leistungs-verbesserung (Innovation)	Bewertung 0 50 100

▶ Tragen Sie **Werte zwischen 0 und 100** ein. Grobe Orientierungspunkte sind:
100 Punkte = höchste Bewertung, d. h., dieser Schritt kann ohne externe Hilfe aus eigener Kraft realisiert werden (kleinster Engpaß);
 50 Punkte = kann mit einmaliger oder vorübergehender Hilfe von außen gelöst werden;
  0 Punkte = nur lösbar mit dauerhaftem Kooperationspartner (größter Engpaß).

3. Gehen Sie nach folgendem Check-up vor:

CHECK-UP

```
┌─────────────────────────┐      ┌──────────────────────────────┐
│       1. Engpaß          │ ───▶ │ Ständige Kontrolle der sich  │
└─────────────────────────┘      │ entwickelnden Lösungen am Echo│
            │                     │      der Zielgruppe            │
            ▼                     └──────────────────────────────┘
┌─────────────────────────┐                    │
│ Engpaß-konzentriertes    │                   ▼
│ Hinzuziehen von          │      ┌──────────────────────────────┐
│ Informationen, Ideen,    │      │          Lösung 1             │
│ Personen und Mitteln     │      └──────────────────────────────┘
└─────────────────────────┘                    │
            │                                   ▼
┌─────────────────────────┐      ┌──────────────────────────────┐
│       2. Engpaß          │      │          Lösung 2             │
└─────────────────────────┘      └──────────────────────────────┘
            │                                   │
            ▼                                   ▼
┌─────────────────────────┐      ┌──────────────────────────────┐
│ Engpaß-konzentriertes    │      │          Lösung 3             │
│ Hinzuziehen von          │      └──────────────────────────────┘
│ Informationen, Ideen,    │                   etc.
│ Personen und Mitteln     │
└─────────────────────────┘      ┌──────────────────────────────┐
            │                    │ Sichere Akzeptanz der Zielgruppe│
┌─────────────────────────┐      └──────────────────────────────┘
│       3. Engpaß          │                   │
└─────────────────────────┘                    ▼
                          ┌──────────────────────────────┐
                          │      Angebot an Zielgruppe     │
                          └──────────────────────────────┘
```

4. Wählen Sie den geeignetsten nächsten Innovationsschritt aus, und tragen Sie ihn hier ein.

5. Mein nächster Innovationsschritt ist:

Warum brauchen Sie für Ihren Erfolg eine Kooperation?

„WER ALLEINE ARBEITET, ADDIERT – WER ZUSAMMEN ARBEITET, MULTIPLIZIERT." (ORIENTALISCHE WEISHEIT)

1. Ihre Spezialisierung bedarf zwingend einer Kooperation.

Der **Spezialist** ist schon naturgemäß darauf angewiesen, mit anderen zusammenzuarbeiten. Da er nur das tut, was er besser als andere kann, müssen viele Aufgaben an andere **Partner delegiert** werden. Diese Kooperationen können ganz verschiedene Formen annehmen – von der gelegentlichen, lockeren Zusammenarbeit bis zur engen **Partnerschaft.**

2. Kooperation ist für Sie immer erfolgreicher als Konkurrenz und Wettbewerb.

In unserer Leistungsgesellschaft gilt der **Wettbewerb** als der Motor des Fortschritts. Das ist richtig – aber der Kampf um Marktanteile kostet oft Geld, Kraft und Energie. Viel sinnvoller ist es, mit dieser Verschwendung aufzuhören und mit **gebündelten Kräften** im Interesse des Kunden zu arbeiten.

3. Die gemeinsame Bündelung von Kräften erhöht nachhaltig Ihre Durchschlagskraft.

Erstens, weil durch Kooperation **Kräfte frei werden**, die zum Nutzen der Zielgruppe eingesetzt werden können. Zweitens, weil der **Durchbruch auf dem Markt** um so schneller geschieht, je präziser und stärker die Kräfte konzentriert werden.

SYNERGIEEFFEKT

4. Kooperation bewirkt Synergie.

Zusammen erreicht man mehr als die Summe dessen, was jeder im Alleingang schaffen würde – vorausgesetzt, es treffen Partner aufeinander, die **komplementäre**, also sich ergänzende Fähigkeiten besitzen. Partner mit gleichem Wissen und gleichen Fähigkeiten können keine **Synergien** entwickeln.

Wie finden Sie den optimalen Kooperationspartner?

1. Definieren Sie das Ziel der Kooperation:

Es lautet in jedem Fall, **gemeinsam** den **Nutzen für die Zielgruppe** zu steigern. Dies ist besonders wichtig, weil das Ziel immer den Weg der Partnerschaft festlegt. Nur mit diesem Ziel ist der dauerhafte Erfolg gesichert.

2. Kooperieren Sie stets engpaßorientiert.

Know-how, das nur vorübergehend oder einmalig benötigt wird, sollten Sie über **externe Berater** hinzukaufen.

3. Suchen Sie systematisch nach Kooperationspartnern.

Überlassen Sie die Suche nicht dem Zufall, sondern erfassen Sie möglichst alle Personen, die Ihnen bei der Überwindung Ihres Engpasses behilflich sein können (**Minimumgruppe**). Suchen Sie einen Partner aus, der Sachkompetenz besitzt und mit dem Sie sich persönlich gut verstehen.

4. Suchen Sie einen komplementären Partner.

Viele Menschen machen den Fehler, sich mit Partnern gleichen Wissens zusammenzutun. Solche Verbindungen machen keinen Sinn, weil sich dort keine **Synergien** entwickeln.

5. Sorgen Sie für eine Übereinstimmung der Kooperationsziele.

Seien Sie absolut sicher, daß Sie und Ihre Partner in den **Zielen** hundertprozentig **übereinstimmen** – oder führen Sie diese Übereinstimmung herbei, wenn sie nicht von vornherein gegeben ist. Das Ziel der Kooperation muß wie das Grundgesetz sein.

6. Vereinbaren Sie eine geistige Probezeit.

Bevor Sie auch nur eine Mark **gemeinsam investieren**, vereinbaren Sie eine geistige Probezeit, in der Sie Ihr **Konzept** zunächst einmal theoretisch **ausreifen lassen**. Erst wenn feststeht, daß Sie mit Ihrem Partner hundertprozentig übereinstimmen, sollten finanzielle Verpflichtungen eingegangen werden.

„KOOPERATIONSFÄHIGKEIT IST DIE WICHTIGSTE ALLER FÄHIGKEITEN IN VERNETZTEN SYSTEMEN."

ENGPASS

PARTNER

KOMPLEMENTARITÄT

GLEICHE ZIELE

PROBEZEIT

ZUM RESTAURANT

Welche Fragen bringen Sie jetzt konkret weiter?

NOTIEREN SIE
BEREITS ERSTE STICH-
WORTE UND GEDANKEN,
DIE IHNEN JETZT IN DEN
SINN KOMMEN:

1. Rückblick auf Phase 5: Wie lauten konkret die **Engpässe**, die Sie mit Hilfe des Kooperationspartners überwinden wollen?

2. Welche **fachlichen** Fähigkeiten und Eigenschaften soll der Kooperationspartner mitbringen, um diese Engpässe zu überwinden?

3. Welche **persönlichen** Fähigkeiten und Eigenschaften soll der Kooperationspartner mitbringen?

4. Welche **Leistungen** erwarten Sie von Ihrem Partner?

5. Was können Sie Ihrem Partner **bieten**?

6. Mit welchen **Erfolgversprechungen** können Sie Ihren potentiellen Partner zum Mitmachen motivieren?

7. Über welche Wege, über welche Medien erreichen Sie Ihre **Minimumgruppe** (diejenigen Personen, die Ihren Engpaß lösen können und als Kooperationspartner in Frage kommen)?

8. Welche **Synergien** versprechen Sie sich von der Kooperation?

9. Wie lautet das **gemeinsame Ziel** (die „Verfassung" oder das „Grundgesetz") der Kooperation?

10. Wie **eng** sollen oder wollen Sie mit Ihrem Kooperationspartner zusammenarbeiten (lockere Absprachen, feste Verträge o. ä.)?

Was sind die nächsten Schritte zur optimalen Kooperation?

1. Definieren Sie das gemeinsame Ziel Ihrer Kooperation:

Wir wollen das brennendste **Problem**

unserer erfolgversprechendsten **Zielgruppe**

über folgende **Leistungen** (Innovationen) lösen:

-
-
-

2. Listen Sie Ihre Innovations-Engpässe auf, und beschreiben Sie die gewünschten Eigenschaften des Kooperationspartners.

Innovations-Engpässe	Eigenschaften des Kooperationspartners	Dauer *) A / B / C

*) Tragen Sie unter „Dauer" ein, ob Sie Ihren Kooperationspartner immer (A), gelegentlich (B) oder nur einmal (C) benötigen.

3. Stellen Sie fest, welche Personengruppen über den Minimumfaktor verfügen, und unterbreiten Sie diesen einen motivierenden und gewinnversprechenden Kooperationsvorschlag.

4. Wählen Sie den Partner mit der größten geistigen Harmonie aus.

5. Mein optimaler Kooperationspartner könnte sein:

EKS Phase 5

Zusammenfassung:
7 Leitsätze für erfolgreiche Innovationsstrategien

Phase 5: Innovationsstrategie

1. Denken Sie ständig innovativ: Innovation heißt dauerhafte Leistungsverbesserung!

2. Ihre Leistung kann und muß permanent verbessert werden – Stillstand ist Rückschritt!

3. Ihre Innovation muß sich am brennendsten Problem Ihrer Zielgruppe orientieren!

4. Sammeln Sie alle Ihre Innovationsideen, und werten Sie diese systematisch aus!

5. Verbessern Sie Ihr Informationsmanagement, und werten Sie Medien Ihrer Zielgruppe aus!

6. Mobilisieren Sie das Ideenpotential von Mitarbeitern und Geschäftspartnern!

7. Entwickeln Sie nicht selbst, was andere bereits gelöst und entwickelt haben!

UMSETZUNG

Werten Sie diese Phase für Ihre persönlichen oder unternehmerischen Zwecke unbedingt aus. Halten Sie kurz Ihre **drei wichtigsten Gedanken** oder Einsichten fest. „**Do not only th-ink it, ink it!**" Stichworte oder ein maßgebendes Schlüsselwort genügen:

Meine drei wichtigsten Gedanken, Einsichten, Schlüsselworte:

-
-
-

Zusammenfassung:
7 Leitsätze für erfolgreiche Kooperationsstrategien

Phase 6: Kooperationsstrategie

1. Denken Sie neu: Kooperation ist für Sie immer erfolgreicher als Wettbewerb!

2. Durch strategisch richtige Kooperation reduzieren Sie den Wettbewerb auf ein Mindestmaß!

3. Kooperieren Sie stets engpaßorientiert – kaufen Sie zeitweise externe Berater ein!

4. Suchen Sie komplementäre Kooperationspartner, um gemeinsame Synergien zu entwickeln!

5. Entwickeln Sie gemeinsam einen überzeugenden Nutzen für eine spezielle Zielgruppe!

6. Stellen Sie eine hundertprozentige Übereinstimmung der Kooperationsziele sicher!

7. Vereinbaren Sie eine geistige Probezeit, bevor Sie zusammen finanziell investieren!

Werten Sie diese Phase für Ihre persönlichen oder unternehmerischen Zwecke unbedingt aus. Halten Sie kurz Ihre **drei wichtigsten Gedanken** oder Einsichten fest. „**Do not only th-ink it, ink it!**" Stichworte oder ein maßgebendes Schlüsselwort genügen:

UMSETZUNG

Meine drei wichtigsten Gedanken, Einsichten, Schlüsselworte:

-
-
-

Warum ist das konstante Grundbedürfnis für Sie wichtig?

1. Spezialisierung auf variable Bedürfnisse ist riskant.

Sie ist dann gefährlich, wenn Sie sich auf Produkte oder Rohstoffe konzentrieren. Sie gehören nämlich allesamt zu denjenigen **Gütern**, die „**variabel**", also veränderlich und letztendlich **austauschbar** sind, um bestimmte Bedürfnisse zu erfüllen oder Probleme zu lösen.

KONSTANTE BEDÜRFNISSE

2. Spezialisierung auf konstante Bedürfnisse ist dauerhaft erfolgreich.

Konstant sind **Grundbedürfnisse** wie beispielsweise Ernährung, Bekleidung, Information, Kommunikation, Mobilität. Variabel ist fast alles, was zur Befriedigung dieser Grundbedürfnisse dient, etwa Produkte, Rohstoffe, Know-how, Managementmethoden. Die Variablen werden ständig durch neue Lösungen ersetzt. Grundbedürfnisse (also die Konstanten) verändern sich dagegen nicht.
Beispiel: Bücher und Zeitschriften bekommen immer mehr Konkurrenz durch elektronische Medien wie Fernsehen, Video, Datenbanken oder Multimedia. Diese Produkte sind allesamt Variablen, die das konstante Grundbedürfnis nach **Information** befriedigen.

MARKTSICHERUNG

3. Sie sichern Ihre Marktposition langfristig ab.

Auch Sie sollten Ihre Marktposition langfristig absichern. Über kurz oder lang drängen Nachahmer in den Markt. Die Nachfrage nach jedem Produkt und jeder Leistung ist irgendwann einmal erschöpft. Produkte und Dienstleistungen müssen darum stets den wechselnden Problemen und Bedürfnissen der Zielgruppe **angepaßt** werden. **Ständige Innovation** gemäß dem Echo der Zielgruppe ist die Grundvoraussetzung für langfristig risikolose Spezialisierung und dauerhaften Erfolg am Markt.

Wie können Sie das konstante Grundbedürfnis abdecken?

1. Setzen Sie sich zum Ziel, dauerhaft der beste Problemlöser für Ihre Zielgruppe zu werden.

Definieren Sie das **konstante Grundbedürfnis**, das hinter dem aktuell brennendsten Problem Ihrer Zielgruppe steht.

Die EKS-Strategie ist ein **lebenslanger Lernprozeß**. Gerade weil sich die Variablen ständig ändern, müssen die Leistungen permanent über einen kybernetischen Lernprozeß verbessert werden: Sie machen Ihrer Zielgruppe einen Verbesserungsvorschlag (**feed-forward**) und lernen an deren Echo (**feed-back**).

2. Institutionalisieren Sie den Kontakt zu Ihrer Zielgruppe.

Der kybernetische Lernprozeß muß kontinuierlich ablaufen. Versuchen Sie also, mit repräsentativen, Ihnen vertrauten und aufrichtigen **Kunden** einen **dauerhaften Informationsaustausch** über Seminare oder Beiräte aufzubauen.

3. Sammeln Sie immaterielles vor materiellem Vermögen an.

Materielles Vermögen nutzt sich bei Gebrauch ab – immaterielles Vermögen wie Know-how, Kundenbindung und Kundenstamm, Patente und Lizenzen werden bei Gebrauch dagegen immer mehr wert. Materielles Vermögen macht abhängig, immaterielles nicht. Darum sollten Sie stets danach streben, „**Zielgruppenbesitzer**" statt Produktionsmittelbesitzer zu sein: Zwischen der Zielgruppe und ihrer Nachfrage nach Problemlösungen sowie den Anbietern fungieren Sie dann als eine Art Makler, über den alle Geschäfte laufen.

4. Schöpfen, programmieren, multiplizieren Sie Ihr Know-how.

Auch immaterielles Vermögen kann **materialisiert** werden, beispielsweise in Form einer Software, eines Handbuches, einer Checkliste oder eines kompletten Unternehmenskonzeptes (**Franchising**). Multiplizieren Sie Ihr Know-how mit Hilfe von **Partnern** oder Lizenznehmern, und nutzen Sie deren Erfahrungen und Feedback ständig für die Verbesserung Ihres Konzeptes. Kurz: Werden Sie zu einer **Denkzentrale**, die sich auf die Probleme der Zielgruppe spezialisiert hat. Die Ausführung können Sie getrost anderen überlassen.

Welche Fragen bringen Sie jetzt konkret weiter?

NOTIEREN SIE BEREITS ERSTE STICH-WORTE UND GEDANKEN, DIE IHNEN JETZT IN DEN SINN KOMMEN:

1. Welches **konstante Grundbedürfnis** steht hinter dem von der Zielgruppe am brennendsten empfundenen Problem?

2. Welches **variable Bedürfnis** wird durch Ihre Leistung befriedigt, und welches konstante Grundbedürfnis steht dahinter?

3. Mit welchen **variablen Produkten** und Leistungen kann das konstante Grundbedürfnis abgedeckt werden?

4. Welche **Wege** gibt es noch, wie Sie das konstante Grundbedürfnis Ihrer Zielgruppe befriedigen können?

5. Auf welchem Wege können Sie den **Kontakt** zu Ihrer Zielgruppe dauerhaft institutionalisieren?

6. Gibt es einen Weg, Ihre Leistungen in eine leicht **multiplizierbare** Form zu bringen?

7. Können Sie sich vorstellen, Ihre Leistungen über ein **Franchise**-Konzept anzubieten?

8. Welche internen Unternehmensfunktionen könnten Sie eventuell **auslagern** bzw. könnten andere für Sie übernehmen? Was können Sie ganz oder teilweise wegdelegieren?

9. Welche **Unternehmensfunktionen** müssen Sie unter allen Umständen selbst ausführen?

10. Können Sie sich irgendeinen Umstand vorstellen, der Sie auf Ihrem Geschäftsfeld **dauerhaft gefährden** könnte?

Was sind die nächsten Schritte zum sozialen Grundbedürfnis?

1. Versuchen Sie zu formulieren, welches konstante Grundbedürfnis Sie über die Lösung des brennendsten Problems Ihrer Zielgruppe abdecken. Beispiele:

▶ nicht Hersteller von Dachziegeln, sondern Problemlöser für die Abdichtung geneigter Dächer;

▶ nicht Verkauf von Hamburgern, sondern schnelle Versorgung mit Nahrungsmitteln zum Sofortverzehr;

▶ nicht Anbieter von Zeitmanagement-Seminaren, sondern Löser des Zeitproblems über unterschiedliche Medien (Seminare, Bücher, Audio, Video, PC-Software, Multimedia etc.).

KONSTANTES GRUNDBEDÜRFNIS

2. Tragen Sie verschiedene Formulierungen für das konstante Grundbedürfnis in die Tabelle ein, und bewerten Sie diese:

BEWERTUNG

Konstantes Grundbedürfnis der Zielgruppe	Priorität* A / B / C

▶ Diskutieren Sie die verschiedenen Möglichkeiten auch mit Partnern und entscheiden Sie sich – mehr analytisch oder mehr intuitiv – für die Ihnen am besten erscheinende Alternative. *Bewertung: A = ausgezeichnet, B = durchschnittlich, C = nicht so geeignet.

3. Wählen Sie die treffendste Formulierung für das konstante Grundbedürfnis Ihrer Zielgruppe aus.

Diese muß zu Ihrem ständigen **Leitsatz** bzw. Ihrem übergeordneten **Unternehmensziel** werden. So sollte z.B. jede Entscheidung daran gemessen werden, ob sie diesem Ziel förderlich ist oder nicht. Das schützt Sie vor Verzettelung.

LEITSATZ

4. Das konstante Grundbedürfnis meiner Zielgruppe lautet:

Zusammenfassung:
7 Leitsätze für konstante
Grundbedürfnisse

Phase 7: Konstantes Grundbedürfnis

1. Ihr Ziel: Werden Sie zum Zielgruppen-Besitzer – statt zum Produktionsmittel-Besitzer!

2. Werden Sie dauerhaft bester Problemlöser und Innovator für Ihre Zielgruppe!

3. Spezialisieren Sie sich nicht auf variable, sondern auf konstante Grundbedürfnisse!

4. Integrieren Sie das konstante Grundbedürfnis in Ihre Unternehmensziele und -leitsätze!

5. Institutionalisieren Sie den Kontakt zu Ihrer Zielgruppe (kybernetischer Lernprozeß)!

6. Materialisieren Sie immaterielles Vermögen durch Multiplikation Ihrer Leistungen!

7. Entwickeln Sie sich zu einer Denkzentrale, die Ihre Leistungen per Franchising vermarktet!

UMSETZUNG Werten Sie diese Phase für Ihre persönlichen oder unternehmerischen Zwecke unbedingt aus. Halten Sie kurz Ihre **drei wichtigsten Gedanken** oder Einsichten fest. „**Do not only th-ink it, ink it!**" Stichworte oder ein maßgebendes Schlüsselwort genügen:

Meine drei wichtigsten Gedanken, Einsichten, Schlüsselworte:

•

•

•

Maßnahmenplan
„1x1 der Erfolgsstrategie"

Schon Erich Kästner reimte: „Es gibt nichts Gutes, es sei denn, man tut es." Das Studium dieses Büchleins wird für Sie nur dann einen nachhaltigen Nutzen haben, wenn Sie daraus entsprechende **Konsequenzen** und **Maßnahmen** ableiten:

UMSETZUNG

Was wollen Sie eingehender **bearbeiten** und konkret **umsetzen**?						
Aktivität auf Buch-Seite(n)	Priorität A B C	Aktivitäten, Aufgaben, nächste Schritte	Start: geplant für	Ende: erledigt bis	Kontrolle: umgesetzt? OK	
24 – 27		Phase 1: Ist-Situation und spezielle Stärken				
28 – 31		Phase 2: Erfolgversprechendstes Geschäftsfeld				
34 – 37		Phase 3: Erfolgversprechendste Zielgruppe				
38 – 41		Phase 4: Brennendstes Problem der Zielgruppe				
44 – 47		Phase 5: Innovationsstrategie				
48 – 51		Phase 6: Kooperationsstrategie				
54 – 57		Phase 7: Konstantes Grundbedürfnis				

EKS Fallstudien zur vorbildlichen Strategieanwendung

3 FÄLLE ERFOLGREICHER STRATEGIEANWENDUNG

Nach den Prinzipien und Phasen der EKS-Strategie präsentieren wir Ihnen drei erfolgreiche Praxisbeispiele. Seit 1991 verleihen die Frankfurter Wirtschaftsprüfungsgesellschaft KPMG Peat Marwick Treuhand GmbH und die FAZ GmbH Informationsdienste jährlich einen Management-Strategiepreis für die „Beste EKS-Anwendung".

1. Fallstudie „Handwerksbetrieb":
Zielgruppenorientierte Denkzentrale bei malerdeck, Eggenstein

Der Haupt-Preisträger von 1991, Werner Deck, wurde vor allem für seine Fähigkeit ausgezeichnet, die Geschäftsstrategie für seinen Handwerksbetrieb malerdeck GmbH in Form von Checklisten und Software so zu materialisieren, daß sie von anderen Betrieben leicht übernommen werden kann. Seine wichtigste Zielgruppe sind heute seine **Lizenznehmer**, denen er bei der Erforschung der brennendsten Probleme der Kunden hilft und sie selbst bei eigenen Problemen im Management berät.

SCHÖPFEN – PROGRAMMIEREN – MULTIPLIZIEREN

2. Fallstudie „Druckindustrie":
Vorbildliche Sanierung bei Gemini Graphics, Indien

Einer der drei EKS-Preisträger von 1992 war die Druckerei Gemini aus Indien. Den beiden Sanierern wurde der Preis

▶ zum einen verliehen, weil sie auf herausragende Weise die mit der **Spezialisierung** verbundenen Produktivitätsvorteile verwirklicht haben,

GEIST WICHTIGER ALS KAPITAL

▶ zum anderen, weil sie klar gezeigt haben, daß die EKS-Strategie selbst unter sehr ungünstigen gesamtwirtschaftlichen Rahmenbedingungen zum Erfolg führt.

3. Fallstudie „Geräteindustrie":
Konsequente Zielgruppen-Orientierung bei Rational, Landsberg

KUNDE IM MITTELPUNKT

Der Erfolg von Rational, ebenfalls mit verschiedenen Auszeichnungen bedacht, basiert auf einer außergewöhnlichen Unternehmensphilosophie, welche die Ansprüche und Probleme des Kunden in den Mittelpunkt stellt. Das zum **Welt-Marktführer** aufgestiegene Unternehmen hat es verstanden, Großküchentechnik konsequent dienstleistungs- und zielgruppenorientiert zu vermarkten und sie damit zu einer wegweisenden Problemlösung für die Gastronomie zu machen.

1. Fallstudie „Handwerksbetrieb": Zielgruppenorientierte Denkzentrale bei malerdeck, Eggenstein

Lerngewinn

Der Fall dokumentiert die Erfolgsstory einer relativ einfachen Umsetzung von **Zielgruppendifferenzierung**. Dabei wurde es erforderlich, mit der erfolgversprechendsten Zielgruppe zugleich die gesamten Betriebssstrukturen zu ändern und die Mitarbeiter umzuorientieren. Im Rahmen der EKS-Strategie verlaufen die erforderlichen **Lernprozesse** für solche Anpassungen engpaßorientiert und daher wesentlich schneller – eine Folge der Spezialisierung und Konzentration.

LERNGEWINNE DURCH SPEZIALISIERUNG UND KONZENTRATION

EKS-Fall „Handwerksbetrieb": malerdeck GmbH, Eggenstein

- **Phase 1 – Spezielle Stärken:**
  Gut organisiert, günstiger Standort, hohe Motivation und Flexibilität von Mitarbeitern und Management

- **Phase 2 – Erfolgversprechendstes Geschäftsfeld:**
  Malerarbeiten für private Haushalte

- **Phase 3 – Erfolgversprechendste Zielgruppe:**
  Gut verdienende, serviceorientierte Menschen, die auch bereit sind, einen Malerfachbetrieb zu bezahlen (Rentner mit hohem Einkommen, gutverdienende Angestellte sowie Freiberufler und Unternehmer)

- **Phase 4 – Brennendstes Problem der Zielgruppe:**
  Unpünktliche Auftragserfüllung, schlechter Service, Qualitätsmängel und keine verbindlichen Kostenvoranschläge

- **Phase 5 – Innovationen:**
  Umschulung der Mitarbeiter, Serviceorientierung der Bürokräfte, Umstellung der Betriebsorganisation, Kommunikationsstrategie

- **Phase 6 – Kooperationspartner:**
  Werbeagentur, Software-Entwickler, Kooperationen mit anderen Malerbetrieben vor Ort und landesweit, Einkaufskooperationen mit Franchisepartnern

- **Phase 7 – Konstantes Grundbedürfnis:**
  Bester Problemlöser für Privathaushalte, Denkzentrale für Franchise-Partner, Unternehmensberatung für Handwerksbetriebe, Farben- und Lackindustrie

Vorgeschichte

Als Jungunternehmer Werner Deck 1980 den elterlichen Malerbetrieb mit 50 Mitarbeitern übernahm, begann dies mit einem absoluten Alptraum. Bei den Banken hatte sich mit Zins und Zinseszins ein **Schuldenberg** von fast einer Million DM angehäuft. Ursache waren häufige Forderungsausfälle. Die Firma Deck arbeitete überwiegend im Neubaubereich für größere Baugesellschaften, Generalunternehmer und öffentliche Unternehmen, wobei die Aufträge oft ein Volumen von einer Million DM und mehr hatten. Für einen Handwerksbetrieb waren das relativ große Aufträge. In der Rezession waren einige Kunden in Konkurs gegangen oder konnten einen erheblichen Teil ihrer Rechnungen einfach nicht begleichen. Decks Betrieb und viele andere kleine Firmen wurden so mit in den Abwärtsstrudel gerissen. Durch die klamme Liquiditätslage lief bei der Firma zusätzlich zu den Bankschulden eine **Umsatzsteuerschuld** von 350.000 DM gegenüber dem Finanzamt auf. Bei einer Betriebsprüfung hätte das unweigerlich zur Schließung aller Konten und damit zum **Konkurs** geführt. Dem Unternehmen stand das Wasser also „bis zum Hals".

Relativ schnell wurde Werner Deck klar, daß er der Bank rasch ein glaubhaftes Konzept zur Rettung des Unternehmens präsentieren mußte, um zusätzlich flüssige Mittel zur Begleichung der Umsatzsteuerschuld zu erhalten. In dieser Situation griff er zur EKS-Strategie.

EKS Phase 1: Ist-Analyse

Die Ist-Analyse ergab, daß die Firma rund 90 Prozent des Umsatzes im Neubau- und Sanierungsbereich erzielte. Auf diesem Markt herrschte ein gnadenloser **Preiswettbewerb**. Die Umsatzrendite lag bei maximal 3 bis 5 Prozent, bei Großaufträgen bisweilen sogar bei Null. Das **Risiko**, bei unseriösen Bauträgern kein Geld oder nur Teilbeträge zu erhalten, war sehr groß. Durch den Preisdruck mußte sehr schnell und mit erheblichen **Qualitätseinbußen** gearbeitet werden. Das führte zu Mängeln, die wiederum Kosten für Nachbesserungsarbeiten verursachten. Dazu kam das im Baugewerbe übliche „Winterloch" im Neubaubereich.

Marginalien (linke Spalte):

FORDERUNGSAUSFÄLLE

BAUKRISE

DROHENDER KONKURS

SANIERUNGSKONZEPT

1. IST-ANALYSE

HARTER PREISWETTBEWERB

GERINGE UMSATZRENDITE

EKS Phase 2: Erfolgversprechendstes Geschäftsfeld

Da Werner Deck sich diesem **Verdrängungswettbewerb** nicht weiter aussetzen wollte, suchte er nach anderen Geschäftsfeldern und erfolgversprechenderen Zielgruppen. Er wurde fündig, als er den unbedeutenden Rest seiner Umsatzträger, nämlich die **privaten Auftraggeber**, etwas ausführlicher analysierte:

▶ Privatleute waren froh, wenn die Maler überhaupt kamen.

▶ Der Preis spielte keine entscheidende Rolle. Die Auftragssummen lagen zwar nur bei 500 bis 2.000 DM, der Gewinn jedoch zwischen 10 und 20 Prozent.

▶ Alle Rechnungen wurden mehr oder weniger pünktlich bezahlt, das Risiko von Forderungsausfällen gab es bei privaten Auftraggebern also praktisch nicht.

▶ Es war aufgrund des geringen Preisdrucks möglich, mängelfreie Qualitätsarbeit zu liefern.

▶ Saisonale Schwankungen entfielen, weil in Wohnungen das ganze Jahr über gearbeitet werden konnte.

Die privaten Kleinaufträge hatten allerdings einen gravierenden **Nachteil**: Der organisatorische Aufwand für die Kalkulation und Abwicklung dauerte fast so lange wie bei einem Großauftrag. Darum war die Zielgruppe „private Auftraggeber" auch bisher vernachlässigt worden. Die Analyse ergab weiter, daß sich praktisch alle Wettbewerber genauso verhielten. Statt des arbeitsintensiven „Kleinkrams" bevorzugten sie die scheinbar lukrativeren Großaufträge. Lediglich Kleinbetriebe mit bis zu fünf Mitarbeitern waren auf diesem Geschäftsfeld aktiv.

EKS Phase 3: Erfolgversprechendste Zielgruppe

Alle Kräfte und Mittel wurden sofort auf den **Privatkunden** und dessen Probleme **konzentriert**, ohne dabei die bisherige Zielgruppe zunächst zu vernachlässigen. Deck differenzierte die Zielgruppe „private Auftraggeber" jedoch weiter, und zwar in drei Gruppen: Ein Drittel macht die Arbeit selbst, ein weiteres Drittel beauftragt einen Schwarzarbeiter, der Rest beauftragt einen Fachbetrieb. Deck kristallisierte aus diesem Restdrittel die zwei erfolgversprechendsten Zielgruppen heraus:

GUTVERDIENENDE

▶ **Gutverdienende** Akademiker, Freiberufler und Unternehmer, die diese Arbeiten aus Zeitmangel nicht selbst ausführen können oder wollen und eine komplette Problemlösung suchen,

ÄLTERE

▶ der **ältere Privatkunde**, der die Arbeit nicht mehr selbst ausführen kann, jedoch über genügend Mittel verfügt, um einen Betrieb mit Komplettservice beauftragen zu können.

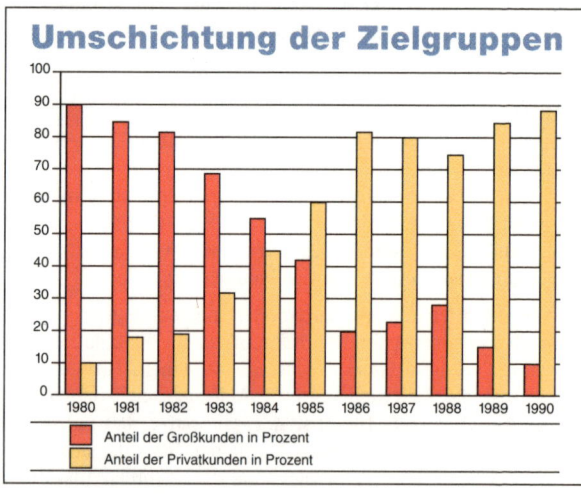

Umschichtung der Zielgruppen

■ Anteil der Großkunden in Prozent
■ Anteil der Privatkunden in Prozent

4. PROBLEME
DER ZIELGRUPPE

EKS Phase 4: Brennendstes Problem der Zielgruppe
Bei der Menge der **ungelösten Probleme** lag der Schlüssel zum Erfolg:
▶ Die Zielgruppe beklagte, daß Handwerker nur sehr schwer zu bekommen sind;
▶ Handwerker sind – wenn sie überhaupt kommen – fast immer unpünktlich;
▶ Maler hinterlassen in der Regel Schmutz und Dreck;
▶ das bei Malerarbeiten meist erforderliche Aus- und Einräumen der Möbel bleibt oft dem Kunden überlassen;
▶ kompetente Beratung bei der Farben- und Tapetenauswahl ist sehr selten.

Werner Deck wollte sich auf eine **fehlerfreie Leistung** und damit auf den Minimumfaktor der Privatkunden konzentrieren: Qualitätsarbeit in Verbindung mit Pünktlichkeit, Freundlichkeit, Preisgarantie, Sauberkeit und kompetenter Beratung.

Mit dieser **Strategie als „Sicherheit"** konnte Werner Deck seine Bank regelrecht begeistern. So bekam er nicht nur die für das Finanzamt dringend benötigten 350.000 DM, sondern zusätzlich Mittel für die Strategieumsetzung. Deck erstattete Selbstanzeige beim Finanzamt. Der Konkurs war abgewendet. An diesem Fall sehen Sie deutlich die **Überzeugungskraft immaterieller Werte** wie beispielsweise einer guten Strategie.

BANKKREDIT

KRAFT IMMATERIELLER WERTE

EKS Phase 5: Innovationsstrategie

5. INNOVATION

Nächster Schritt war, die Konzeption in die Tat umzusetzen. Wie üblich bei einer strategischen Neuorientierung, galt es nun, die **Engpässe** (internen Minimumfaktoren) mit konzentrierten Kräften zu **beseitigen**.

Die **Bekanntheit beim privaten Auftraggeber** war gleich Null. Dieser Engpaß wurde mit Hilfe einer Werbeagentur beseitigt. Für den neuen Firmennamen „malerdeck" wurde ein mehrfarbiges Logo entwickelt. Dieses Erscheinungsbild (Corporate Identity) wurde gezielt in die Öffentlichkeit gebracht: auf Briefbögen, in Anzeigen, auf Gerüstplanen, auf den Firmenfahrzeugen. Die Anzeigen wirkten zunächst nur imagebildend, später sprachen sie direkt das brennende Problem der Zielgruppe an. „Schmutz und Dreck durch Maler? Nicht bei uns. Rufen Sie uns an! Wir beweisen es Ihnen." 1987 hat Werner Deck für dieses Erscheinungsbild (CI) den „Deutschen Handwerkspreis" des Wirtschaftsmagazins „impulse" erhalten.

1. ENGPASS: BEKANNTHEITSGRAD

NEUE CORPORATE IDENTITY

Daneben mußte die **Auftragsabwicklung** radikal **beschleunigt** werden. Spätestens zwei Tage, nachdem ein Kunde angerufen hatte, kam ein Mitarbeiter der Firma malerdeck, um die Wünsche aufzunehmen. Dieser geht ausschließlich auf die Probleme des Kunden ein. Er erörtert Alternativen, gibt erste Gestaltungshinweise und vereinbart einen verbindlichen Ausführungs-

2. ENGPASS: SCHNELLIGKEIT

termin – bei Bedarf samstags, sonntags oder nachts. Alle auszu-
führenden Arbeiten werden aufgenommen und in ein präzises
schriftliches Angebot gefaßt.

Angebotskalkulation und -fakturierung dauerten jedoch noch zu
lange. Deshalb wurde in eine EDV-Anlage und die Entwicklung
einer speziellen **Software** investiert. Nun konnte das Angebot
schon zwei Tage später beim Kunden sein – mit einer **Festpreis-
garantie**. So ist der Kunde vor unangenehmen Überraschungen
sicher. Während die Konkurrenz noch dabei war, das Angebot zu
kalkulieren, hatten die Mitarbeiter von malerdeck die Arbeiten
oft schon ausgeführt. Diese Software ist mittlerweile das führende Programm im Handwerk. 1989 erhielt es den „Deutschen
Softwarepreis" des Wirtschaftsmagazins „impulse".

Schnelligkeit und Service sind heute in jeder Phase des Auf-
trages oberstes Gebot. Malerdeck erledigt auch allerkleinste
Aufträge, für die sonst kein anderer Maler kommen würde.

EKS Phase 6: Kooperation

Hat sich der Kunde für die Auftragserteilung entschieden, sollen
die Arbeiten in der Regel sehr schnell ausgeführt werden. Mit
Hilfe exakter Terminplanung kann die Firma malerdeck diesem
Wunsch fast immer nachkommen – und sei es mit Hilfe eines
Kooperationspartners. Um stets schnell auf Kundenwünsche
reagieren zu können, kooperiert Deck mit zehn **weiteren Klein-
unternehmen**, die zwischen zwei und acht Mitarbeiter haben.

Der genaue Ausführungsbeginn und die vereinbarte Ausführung
werden dem Kunden zusammen mit dem **garantierten Festpreis**
schriftlich bestätigt. Selbstverständlich erscheinen die Maler
genau zum **vereinbarten Temin**. Sie sind freundlich und kompe-
tent, sie bewegen sich in den Räumen des Kunden sehr rück-
sichtsvoll und liefern eine gute Arbeitsqualität ab. Möbel und
Fußboden werden exakt abgedeckt. Nach Ende der Arbeit wird
geputzt und gesaugt. Gemeinsam mit dem Kunden wird das
Ergebnis begutachtet und protokolliert. Fehler und Mängel werden sofort behoben.

Die **Motivierung der Mitarbeiter** bezeichnet Deck heute rückblickend als die **schwierigste Aufgabe** bei der Neuorientierung. Denn auf Großbaustellen sind weder gute Umgangsformen erforderlich, noch ist dort eine ausgeprägte Dienstleistungsmentalität verbreitet. Gerade diese Eigenschaften bildeten jedoch die Basis von Decks neuem Unternehmenskonzept. Dieser **Engpaß** wurde zunächst mit Hilfe externer Schulungen beseitigt. Heute übernimmt Werner Deck diese Aufgabe.

3. ENGPASS: MITARBEITER

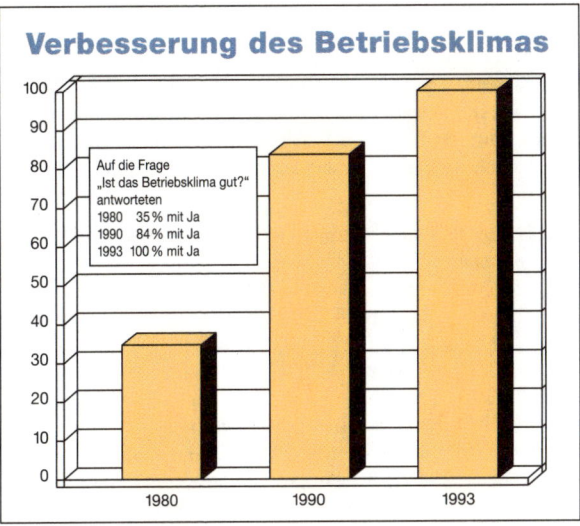

Verbesserung des Betriebsklimas

Auf die Frage „Ist das Betriebsklima gut?" antworteten
1980   35 % mit Ja
1990   84 % mit Ja
1993   100 % mit Ja

Das gesamte Geschäftskonzept von malerdeck wurde auf **Checklisten** erfaßt. Deck konnte darum für die Geschäftsleitung drei zusätzliche Mitarbeiter einstellen und hatte nun mehr Zeit, sich um die Probleme der Zielgruppe zu kümmern. Das gesamte Konzept „malerdeck" (inklusive der Checklisten, des Erscheinungsbildes, der gesamten Organisation) wird seit 1986 in einem **Franchise-System vermarktet**. Dafür wurde ein neues Logo „Opti-Maler-Partner" geschaffen. Insgesamt sind damit bis 1993

PRODUKTIVITÄTS-GEWINNE DURCH CHECKLISTEN

**KOOPERATION
MIT FRANCHISE-
PARTNERN**

bereits 66 Betriebe erfolgreich tätig, davon 3 in Österreich, die gemeinsam einen Gesamtumsatz von rund 115 Millionen DM erwirtschaften. Eine Lizenz mit Gebietsschutz kostet 12.000 DM, die jährliche Gebühr beträgt 1.000 DM. Deck berät die **Partnerunternehmen** von der Büroorganisation über Marketing und Werbung bis zum Zeitmanagement. Zweimal jährlich trifft sich Deck mit seinen Partnern zu einer zweitägigen **Managementkonferenz**. Der Schwerpunkt liegt im Know-how-Transfer von Managementwissen und -methoden.

**EINKAUFS-
KOOPERATION**

Werner Deck wird diese Kooperationen künftig noch stärker vorantreiben. So wird er für die Partnerfirmen stärker im Bereich Logistik aktiv. Die **Partner** brauchen sich um Angebote, Abrechnung, Materialeinkauf und Kalkulation nicht mehr zu kümmern. Bereits heute kaufen diese Betriebe ihren Materialbedarf zu besonders guten Konditionen bei Decks Großhändler ein.

**7. KONSTANTES
GRUNDBEDÜRFNIS**

**LANGFRISTIGES
UNTERNEHMENSZIEL**

EKS Phase 7: Vom produktions- zum innovationsorientierten Unternehmen

Seit einigen Jahren ist Werner Deck als **Unternehmensberater** aktiv. Er berät in erster Linie Handwerkskollegen, aber auch Handel und Industrie im Bereich Maler und Lackierer, Farben und Lacke. Unter anderem schult er den Außendienst von Industriebetrieben in Verkaufstechnik. Drei der größten Farbenhersteller wollten mit Deck einen Exklusivvertrag abschließen. Deck entschied sich für den europäischen Marktführer. Damit hat Werner Deck den Schritt vom produktions- zum **innovationsorientierten Unternehmen** getan. Deck übernimmt für seine Partnerbetriebe weiterhin die Funktion einer „**zielgruppenorientierten Denkzentrale**". Seine Hauptaufgaben bestehen heute darin, die Probleme seiner Zielgruppen immer besser zu erforschen und immer perfektere **Lösungen** zu **entwickeln.** Künftig soll das Angebot noch stärker auf die erfolgversprechendste Zielgruppe, die finanzstarke Gruppe der Hausbesitzer, Freiberufler und Selbständigen, ausgerichtet werden.

**ZIELGRUPPEN-
ORIENTIERTE
DENKZENTRALE**

Ergebnis

Der Anteil der **Privatkunden** ist von Jahr zu Jahr kontinuierlich gestiegen. 1990 hat sich das Verhältnis Großkunden/Privatkunden gegenüber 1980 genau umgekehrt. Nur noch 10 Prozent entfallen auf den unrentablen Objektbereich, der Rest auf die gewünschte Zielgruppe.

ZIELGRUPPEN-BESITZER

Seit 1993 wird als neue Zielgruppe der **anspruchsvolle Höchstverdiener** bearbeitet. In Kooperation mit einem Innenarchitekten und einem Einrichter werden unter der Federführung von malerdeck Räume, Wohnungen oder ganze Häuser durch exklusive und individuelle Maltechniken zum Unikat und gleichzeitig neu eingerichtet. Der Umsatzanteil beträgt bereits 20 Prozent.

NEUE ZIELGRUPPE: HÖCHSTVERDIENER

Im gleichen Maße verbesserte sich die **wirtschaftliche Situation**. Die Bank war bereit, weitere Investitionen zu fördern. Von 1980 bis 1987 wurden 1 Million DM Schulden mit Zins und Zinseszins abgetragen. 1991 wurde ein neues Betriebsgebäude im Wert von 1,8 Millionen DM bezogen, das zu einem Drittel bar bezahlt wurde.

WIRTSCHAFTLICHER ERFOLG

Zur Ergänzung des Angebots gründete Werner Deck mit seinem Bruder die **Firma „bodendeck"**, die sich ganz auf Bodenbelagsarbeiten bei Privatkunden konzentriert – mit dem **gleichen Serviceangebot**, das auch malerdeck bietet. Beurteilten 1980 noch 35 Prozent der Beschäftigten das **Betriebsklima** als gut, sind es 1990 bereits 84 Prozent und 1993 sogar 100 Prozent (siehe Grafik). Auch die **Kunden** sind sehr **zufrieden**. Deck: „Das Verhältnis zu unseren Kunden kann man als freundschaftlich bezeichnen."

NEUE FIRMA: BODENDECK

Selbst wenn man gegenüber der Konkurrenz weder über herausragende Kompetenz noch eine ausgeprägte Problemlösungserfahrung verfügt, kann man mit der richtigen Strategie, nämlich einer **Konzentration der Kräfte** auf die **brennenden Probleme** einer fest **umrissenen Zielgruppe**, rasch die Nr. 1 werden – ganz nach der Erkenntnis, daß unter Blinden der Einäugige König ist.

ERFOLG DURCH RICHTIGE STRATEGIE

2. Fallstudie „Druckindustrie": Vorbildliche Sanierung bei Gemini Graphics, Indien

Lerngewinn

Der Fall der indischen Druckerei Gemini Graphics zeigt Ihnen, wie man ein konkursreifes Unternehmen mit der richtigen **Strategie** Schritt für Schritt ohne Kapitalspritze retten kann.

EKS-Fall „Druckindustrie": Gemini Graphics, Indien

- **Phase 1 – Spezielle Stärke:**
  Regelmäßig wiederkehrende Druckaufträge in großen Auflagen mit genauer Numerierung

- **Phase 2 – Erfolgversprechendstes Geschäftsfeld:**
  Lotterielose, MICR-Schecks, Druck von Aktien

- **Phase 3 – Erfolgversprechendste Zielgruppe:**
  Lotteriegesellschaften, öffentliche Auftraggeber

- **Phase 4 – Brennendstes Problem der Zielgruppe:**
  Rechtzeitige, zuverlässige Auslieferung von Lotterie-Losen

- **Phase 5 – Innovation:**
  Fehlerfreie Stanzung bei der Online-Numerierung bei hohen Geschwindigkeiten

- **Phase 6 – Kooperationspartner:**
  Mitarbeiter (intern) und Mitbewerber (extern)

- **Phase 7 – Konstantes Grundbedürfnis:**
  Spezialist für dokumentenechte Vervielfältigung von hochwertigen offiziellen Druckerzeugnissen

---

Vorgeschichte

Rund 120 km südlich von Hyderabad im Süden Indiens liegt Bidar. Dort war die Druckerei **Gemini Graphics Private Limited** im Jahr 1989 so gut wie pleite. Dabei hatte G. G. Shenoy, einer der Geschäftsführer, alles Erdenkliche getan, um seine Kunden zufriedenzustellen. Gemini nahm jeden Auftrag an, der eine technische Herausforderung war, und bemühte sich dabei noch um sehr gute Qualität. Unterstützt wurde die Firma von einem überaus aktiven Außendienst mit Verkaufsbüros oder Vertretern in den Großstädten Bombay, Madras, Hyderabad, Bangalore und Kalkutta. Die Vertriebsabteilung betrieb Marktforschung, führte alle üblichen Verkaufs- und Verwaltungsaktivitäten durch, machte detaillierte Analysen, falls ein Auftrag „durch die Lappen" ging.

Ist-Situation

Dennoch war der Betrieb praktisch bankrott. Die Verluste hatten sich auf 10 Millionen Rupien summiert. Die Hausbank strich sämtliche Kreditlinien. Die übrigen Banken drohten, die Firma schließen zu lassen, bis die Schulden bezahlt wurden. Die Wirtschaftsprüfer von Gemini legten Shenoy ebenfalls nahe, die Firma zu schließen und Konkurs anzumelden. Auch die Lieferanten wollten wegen des drohenden Konkurses und der riesigen Außenstände nichts mehr an Gemini verkaufen. Ausnahmen wurden nur bei Vorauszahlungen gemacht. Als die Gehälter der Mitarbeiter nicht mehr pünktlich ausgezahlt werden konnten, begann auch deren Motivation zu schwinden.

DROHENDER KONKURS

Zentraler Engpaß des Unternehmens

Wegen hoffnungsloser Verzettelung konnte es trotz eines Auftragspolsters von sechs Monaten zu einer derart desolaten Situation kommen. Der Vertrieb und die frühere Geschäftsführung hatten die Ursache ihrer Probleme stets in ungenügenden Umsätzen gesehen. Auf der Rollen-Offsetmaschine von Gemini wurde deshalb alles gedruckt, was der Vertrieb an Land zog: Computerformulare, Jahresberichte für Aktiengesellschaften, Schulbücher, Prospekte, Kalender und vieles andere. Wegen der ständigen Umrüstungen und des damit verbundenen Maschinenstillstands konnte bei den äußerst niedrigen Preisen niemals ein angemessener Gewinn erwirtschaftet werden. Höhere Preise waren aber bei der damaligen Konkurrenzsituation nicht durchzusetzen.

ALLES FÜR ALLE DRUCKEN

KONKURRENZ- DRUCK

Einsatz der EKS-Strategie

Als der Betrieb völlig am Ende war, übernahm Shenoy die alleinige Geschäftsführung. Durch das Studium des EKS-Fernlehrganges über das indische Baroda Productivity Council wurde ihm klar, daß der Engpaß seines Betriebes entgegen allen Erwartungen gar nicht im mangelnden Umsatz lag, sondern darin, daß stets die **falschen Aufträge angenommen** wurden. Je mehr Auf-

ENGPASS: FALSCHE AUFTRÄGE = HOHE VERLUSTE

träge kamen, desto größer wurden die Verluste. Hier lag also das zentrale Engpaßproblem und damit der wirkungsvollste Ansatzpunkt der Strategie. Die Lösung konnte also nur darin liegen, die „richtigen" Aufträge zu identifizieren und zu akquirieren.

Shenoy war anfangs gegenüber der EKS-Strategie noch skeptisch, wandte sich jedoch direkt an den Direktor des Baroda Productivity Councils, Narayan Muthuswamy, um die einzelnen Schritte in Angriff zu nehmen.

1. STÄRKEN-
ANALYSE

EKS Phase 1: Analyse der Speziellen Stärken

Man begann umgehend mit der Stärkenanalyse und analysierte die wenigen besonderen Unternehmenserfolge von Gemini. Dazu wurden weniger besonders rentable Projekte gezählt, sondern jene Erfolge, die von den Kunden besonders gelobt worden waren. Muthuswamy sprach nicht nur mit dem Management von Gemini, sondern auch mit den wichtigsten Kunden, den Lieferanten und den Banken.

Die Analyse förderte folgende **Stärken** zutage:

1. Technische Kompetenz für farblich hochwertige Druckaufträge.

2. Vertrauen in die Integrität des Geschäftsführers Shenoy.

3. Mitarbeiter, die sich um pünktliche Auslieferung bemühten, sofern überhaupt Papier und anderes Material vorhanden waren.

4. Die Druckmaschine – in diesem Fall eine kanadische Rollen-Offset-Druckmaschine, die mit hoher Geschwindigkeit (bis zu 400 Meter pro Minute) laufen konnte und deshalb überwiegend für große Aufträge geeignet war.

5. Gemini verfügte über eine Anlage, die laufende Numerierungen auf die Drucksachen aufbringen konnte.

6. Die Druckerei konnte ihre Produkte an viele Adressen versenden.

Bisher waren die **speziellen Stärken** des Betriebes völlig vernachlässigt worden: Das waren regelmäßig wiederkehrende Druckaufträge in großen Auflagen mit genauer Numerierung, die an verschiedene Stellen versandt werden mußten. Zuvor hatte man sich mit kleinen Auflagen abgegeben, die genauso gut oder besser auch von tausend anderen Druckereien mit weniger anspruchsvoller Technik im Bogen-Offset produziert werden konnten.

SPEZIELLE STÄRKEN

EKS Phase 2: Erfolgversprechendstes Geschäftsfeld

Im zweiten Schritt wurde nach **Aufträgen** gesucht, die theoretisch optimal **zu den Stärken passen** könnten.

2. GESCHÄFTS-FELDER

a) Sammlung möglichst vieler Geschäftsfelder

Ein **Brainstorming** ergab folgende Druckobjekte:

SAMMLUNG

1. Wertpapiere, NRI-Bonds, Aktien bestimmter Gesellschaften, National Sparbriefe.

2. Weiterbildungszeugnisse der Bundesländer Maharashta, Madras und Kerala; die dazugehörigen Prüfungsaufgaben und Antwortbögen sollten nur gedruckt werden, wenn die Maschine nicht ausgelastet werden könnte.

3. MICR-Wechsel, -Schecks und Reiseschecks;

4. Lotterielose aus südindischen Bundesländern;

5. Etiketten für Flaschen aus Hyderabad und Kamataka;

6. Geschenkgutscheine;

7. Bestellformulare für „Letters of Credit" verschiedener Banken;

8. Etiketten für die „Export Inspection Agency" in Bombay, Madras und Kalkutta;

9. Wahlunterlagen für diverse Bundesländer und das Wahlkomitee in New Delhi.

b) Bewertung der Geschäftsfelder

Im nächsten Schritt wurden aus dieser Liste fünf Aufträge mit fortlaufendem Bedarf und fünf mit hoher Auflage ausgewählt. Da die wirtschaftliche Lage bereits sehr angespannt war, wurde jeweils der **Auftrag mit dem höchsten Deckungsbeitrag pro**

BEWERTUNG

73

Zeiteinheit ermittelt. Nach dem Selektionsprinzip **„Lieber einzigartig als austauschbar"** blieben drei Aufträge übrig: Lotterielose, MICR-Schecks und Aktien.

LOTTERIELOSE

▶ Die Wahl war ausgerechnet auf **Lotterielose** gefallen:

1. Gemini lag in der Region, in der 60 Prozent aller Lose Indiens verkauft wurden. Die Los-Druckereien lagen allerdings ausnahmslos in Nordindien.

2. Die Nachfrage nach Losen war größer als das Angebot.

3. Bei der Numerierung durfte absolut kein Fehler passieren.

4. Die Lose mußten an verschiedene Verkaufsstellen verteilt werden.

MICR-SCHECKS

▶ Für die **MICR-Schecks** sprachen der steigende Bedarf, die Ansprüche an hohe Qualität und die Tatsache, daß Shenoy zu den wenigen Experten im Lande zählte, die das Know-how in der Fertigung solcher Dokumente besaßen. Allerdings hatten dieses Geschäftsfeld schon viele andere Druckereien entdeckt.

AKTIEN

▶ Der Druck von **Aktien** war für Gemini interessant, weil dafür acht verschiedene Arbeitsgänge erforderlich waren, damit die Fälschungssicherheit garantiert werden konnte. Die Maschine von Gemini leistete dies in einem Druckdurchgang. Außerdem waren fließende Farbübergänge erforderlich (das konnten andere Druckereien nicht), dazu eine fortlaufende Numerierung und ebenfalls die Auslieferung an verschiedene Stellen. Zufällig stand gerade eine Neuemission von Indiens größter Aktiengesellschaft an, und zufällig hatte Gemini dort früher schon einmal einen ähnlichen Auftrag zu großer Zufriedenheit erledigt.

Zunächst wurde die dritte Option, der Druck von Aktien, in Angriff genommen, um den Zeitraum bis zur ersten Akquisition eines Los-Auftrages finanziell zu überbrücken.

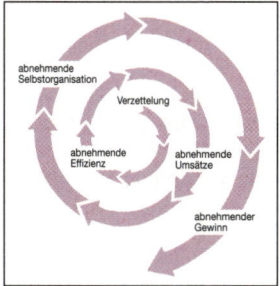
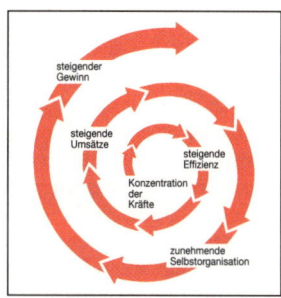

Die Mißerfolgs-Spirale   Die Erfolgs-Spirale

Erfolgsfaktor: Konzentration statt Verzettelung

EKS Phase 3: Erfolgversprechendste Zielgruppe

Es gelang Shenoy, gegen starke Mitbewerber 90 Prozent der größten indischen Aktienemission zu drucken. Auch die Auftragsakquisition lief ganz nach EKS-Prinzipien: Im Gespräch mit dem Kunden wurde dieser gezielt über seine **Probleme befragt**, während Konkurrenten sich darauf beschränkten, die Ausschreibungsbedingungen abzufragen. Probleme gab es in der Tat genug: Das indische Recht schreibt beispielsweise vor, daß jede Aktie von Hand unterschrieben werden muß. Da die Aktien dort nur einen Kurswert von Pfennigbeträgen besitzen, ist das aufwendige Herstellungsverfahren so gut wie unrentabel. Shenoy konnte für dieses Problem eine **Lösung bieten**, indem er einen Unterschriften-Automaten einsetzte. Diese und ähnliche Problemlösungen führten dazu, daß der Auftrag an Gemini ging. Der Kunde konnte sogar davon überzeugt werden, das erforderliche Material und Papier vorzufinanzieren und anzuliefern. Damit war der größte Engpaß, nämlich der Materialmangel aus Liquiditätsgründen – zumindest in diesem Fall –, überwunden. Innerhalb eines Monats wurde ein Gewinn erzielt, mit dessen Hilfe die ersten Lotterielos-Aufträge in Angriff genommen wurden.

3. ZIELGRUPPE
KONTAKT MIT DER
ZIELGRUPPE

PROBLEME
BEFRAGT

LÖSUNGEN
ANGEBOTEN

**4. PROBLEME
DER ZIELGRUPPE**

**RECHTZEITIGE
AUSLIEFERUNG**

**BESTER PROBLEM-
LÖSER FÜR DIE
ZIELGRUPPE**

EKS Phase 4: Brennendstes Problem der Zielgruppe

Nach drei Monaten konzentrierter Akquisitionsbemühungen kam endlich der erste Auftrag. Seit diesem Tag hat das Unternehmen keinen anderen Auftrag mehr angenommen und ist der Zielgruppe bis heute bedingungslos treu geblieben. Der Einstieg gelang, weil man sich auf das **brennendste Problem der Zielgruppe** konzentrierte: die rechtzeitige Auslieferung von Lotterielosen. Die „Haltbarkeit" eines Loses beträgt nämlich lediglich 15 Tage ab Drucklegung. Jeder Tag Verzögerung bedeutet einen Umsatzverlust von 6,5 Prozent. Die weit entfernten Druckereien in Nordindien konnten dieses Risiko nicht immer zu 100 Prozent ausschalten, ebenso war es mit der Zuverlässigkeit bei der Numerierung.

Gemini gilt als **bester Problemlöser** auf dem Markt:

▶ Es wird absolute Fehlerfreiheit bei der Numerierung garantiert, denn es wäre fatal, wenn sich zwei Gewinner mit der gleichen Losnummer um einen Hauptpreis streiten würden.

▶ Papier und Druck sind von sehr hoher Qualität, weil das Image des Lotteriebetreibers stark vom Aussehen der Lose abhängig ist.

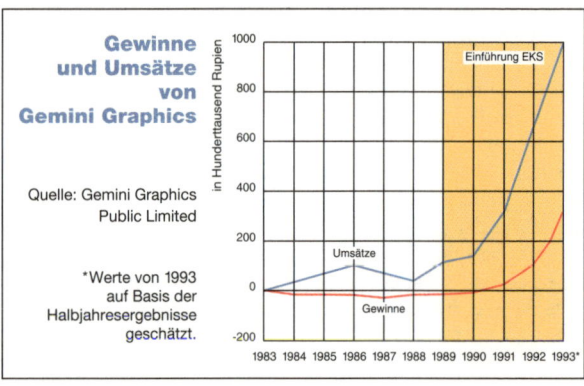

Gewinne und Umsätze von Gemini Graphics

Quelle: Gemini Graphics Public Limited

*Werte von 1993 auf Basis der Halbjahresergebnisse geschätzt.

Gemini stellt den **Kunden** Räume zur Verfügung, in denen sie selbst sortieren und versenden können. Außerdem hilft man den Kunden bei der Konzeption von Gewinnspielen. Nach der Lösung der drucktechnischen und logistischen Probleme (Qualität der Lose) hat sich Gemini also nun der nächsten Probleme der Zielgruppe angenommen.

Jüngstes Beispiel: Da es immer wieder Reibereien zwischen den Finanzämtern und den Lotteriebetreibern wegen der Umsatzsteuer gibt, hat sich Gemini nun auch der Lösung dieses Problems gewidmet.

EKS Phase 5: Innovationsstrategie

5. INNOVATION

Shenoy und Muthuswamy haben **Innovationen** auf der technischen und der organisatorischen Ebene entwickelt. Dazu zählt die Verhinderung von Fehlern bei der Online-Numerierung. In jedes Los muß dreimal eine Nummer eingestanzt werden. Bei der enormen Durchlaufgeschwindigkeit müssen die Stanzwerke reibungslos funktionieren. Dieses Problem ist auf der technischen Ebene gelöst worden. Außerdem wurde in zahllosen Einzelmaßnahmen alles getan, damit ein reibungsloser Ablauf und eine optimale Kapazitätsauslastung erfolgte.

Durch die Spezialisierung wurde die **Produktivität** auf das Dreizehnfache von 15.000 auf 200.000 Exemplare pro Tag gesteigert. Demnächst sollen es 300.000 am Tag sein.

EKS Phase 6: Kooperationsstrategie

6. KOOPERATION STATT KONFRONTATION

▶ **Interne Kooperation**: Alle Mitarbeiter sind mit der Strategie vertraut. Beförderungen und Gehaltserhöhungen werden danach bemessen, wie hoch der Nutzen für die Person ist, für die diese Leistung erbracht wird (Prinzip des internen Kunden).

▶ **Externe Kooperation**: Druckaufträge, die nicht zu den Geschäftsfeldern von Gemini passen, werden an andere Druckereien weitergeleitet. Umgekehrt erhält Gemini auch Aufträge von früheren Mitbewerbern. Aus Konkurrenten sind Kooperationspartner geworden.

EKS Phase 7: Konstantes Grundbedürfnis

Shenoy und seinen Mitarbeitern ist es gelungen, sich als **bester Problemlöser** für rechtzeitige und zuverlässige Drucke von Lotterielosen, Aktien und anderen dokumentenechten Losgrößen in größerer Stückzahl mit individueller Numerierung zu profilieren.

Gemini ist 24 Stunden an sieben Tagen der Woche ausgelastet, was zur Zeit der größte interne Engpaß ist. Das Unternehmen befindet sich auf einer **positiven Wachstumsspirale**. Die Verluste der vergangenen sieben Jahre gleicht Gemini innerhalb von zwei Jahren aus. Im Jahr 1989, als Shenoy erstmals von EKS hörte, machte Gemini 1,4 Millionen Rupien Verlust. 1991 betrug der Gewinn 2,4 Millionen Rupien, 1992 waren es 10,4 Millionen. Der Umsatz stieg im gleichen Zeitraum von 11,2 Millionen (1989) auf 59 Millionen (1992). 1993 betrug der Umsatz etwa 100 Millionen Rupien, und der Gewinn war ebenfalls weiter gewachsen.

Den größten Erfolg sehen die beiden Sanierer Shenoy und Muthuswamy in der Tatsache, einen völlig totgesagten Betrieb noch einmal zum Leben erweckt zu haben – und das ohne Kapitalspritze.

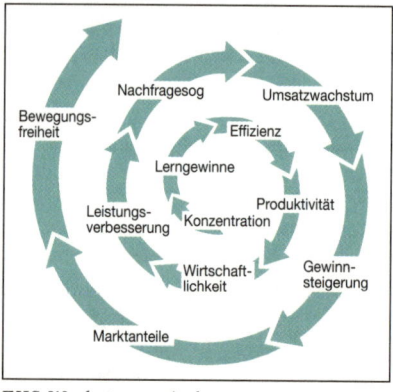

EKS-Wachstumsspirale

3. Fallstudie „Geräteindustrie": Konsequente Zielgruppen-Orientierung bei Rational Großküchentechnik, Landsberg

Lerngewinn

Der Fall zeigt Ihnen, wie man durch völlige **Konzentration auf** wenige **Stärken** seine zahlreichen Schwächen, – die jeder Mensch und jedes Unternehmen hat –, überkompensieren kann. Es kommt im wesentlichen darauf an, sich am **Engpaß** der eigenen Entwicklung und der des Kunden zu orientieren.

KONSEQUENTE KONZENTRATION AUF STÄRKEN

EKS-Fall „Geräteindustrie":
Rational Großküchentechnik GmbH, Landsberg

- **Phase 1 – Spezielle Stärke:**
  Technisches Know-how bei der Blechfertigung (u. a. Öfen)

- **Phase 2 – Erfolgversprechendstes Geschäftsfeld:**
  Gargeräte für Großküchen

- **Phase 3 – Erfolgversprechendste Zielgruppe:**
  Berufsköche in Großküchen

- **Phase 4 – Brennendstes Problem der Zielgruppe:**
  Wenig Platz, Kombikochen (gleichzeitig Dampf- und Konvektionshitze), energie- und zeitsparendes Garen

- **Phase 5 – Innovationsstrategie:**
  Durch Kombi-Dämpfer paralleles Garen auf kleinem Raum

- **Phase 6 – Kooperationsstrategie:**
  Ständiger Dialog unmittelbar mit der Zielgruppe

- **Phase 7 – Konstantes Grundbedürfnis:**
  Spezialist für Garen in Großküchen

Vorgeschichte

Die Firma **Rational Großküchentechnik GmbH** in Landsberg am Lech, ca. 60 km von München gelegen, war ursprünglich ein Zulieferer für Edelstahlbleche. Mit ihrem sehr breiten Sortiment wurden entsprechend viele Zielgruppen bedient.

BREITES SORTIMENT – VIELE ZIELGRUPPEN

Als der Gründungsgesellschafter Siegfried Meister 1976 die Unternehmensleitung übernahm, wurden erstmals **Konvektionsöfen** (Hochdruck-Trockenluftherde) produziert. Diese werden in der Großgastronomie zum Garen mit Heißluft – das heißt trockener Hitze – eingesetzt. Auf diesem Gebiet war Rational

WEITERE
DIVERSIFIKATION

Pionier. Da Meister davon überzeugt war, daß der Betrieb aus Risikogründen auf mehreren Beinen stehen müsse, wurde weiterhin kräftig **diversifiziert** – unter anderem in Saunaöfen. Zu diesem Zeitpunkt lag der Umsatz bei rund 2,88 Millionen DM, der mit allerhand Mühen in Technik und Vertrieb im Jahr darauf um magere 20.000 DM auf 2,90 Millionen gesteigert wurde. Da der Gewinn nicht mitgestiegen war, mußten bei den Heißluftöfen Preiserhöhungen her. Doch damit ging die Nachfrage zurück, und der Umsatz stagnierte weiter. Je mehr man erst ohne, dann mit Beratern versuchte, diese Probleme in Einzelschritten zu lösen, desto mehr Einzelprobleme wurden gefunden: in der Buchhaltung, in der Fertigung, im Lager, im Vertrieb. Langsam wuchsen die Zweifel an dieser Methode. 1978 lag der Umsatz nur bei 3,18 Millionen DM, und auch 1979 war keine Besserung sichtbar. Langsam ahnte Meister, daß die ganze Methode und Denkrichtung falsch war, Probleme zu zerlegen, an der Preisschraube zu drehen und den letzten Pfennig aus dem Kunden herauszupressen.

PREISERHÖHUNG

UMSATZ-
RÜCKGANG

Die Wende

Im September 1980 griff er zur EKS-Strategie und erkannte schnell, daß genau dort über **sein** Problem geschrieben wurde. Ein Unternehmen braucht eine klare Grundaufgabe, um in der Gesellschaft Nutzen zu bieten. Echten **Nutzen** kann man aber nur einer klar definierten **Zielgruppe** bringen. Meister gefiel, daß man in erster Linie seine **Stärken** suchen und ausbauen solle, denn bisher hatte er überwiegend nach Schwächen gesucht, – und sie schließlich auch gefunden.

SOZIALE GRUND-
AUFGABE – NUTZEN
BIETEN

Der endgültige Bruch mit den alten Konzepten kam, als der Verkaufsleiter mit einigen Hiobsbotschaften von einer Fachmesse zurückkam. Nicht weniger als **34 Produzenten** waren mit **Heißluftöfen** auf der Messe vertreten gewesen. In Zukunft standen die Zeichen also auf Preiskampf.

34 WETTBEWERBER

Meister hielt sich ganz an die EKS-Philosophie „**Wettbewerb ja, Verdrängungswettbewerb nein**". Das hieß für ihn: Über Innovationen seiner Zielgruppe einen deutlich größeren Nutzen

KEIN PREIS-
WETTBEWERB

zu bieten als die Wettbewerber, statt sich am allgemeinen Preiskampf auf dem Markt für Standardprodukte zu beteiligen.

Eine neue Problemlösung

Meister entwickelte für seine Zielgruppe, die Berufsköche in den Großküchen, ein neues Produkt und kam schließlich mit einer revolutionären Neuentwicklung auf den Markt: dem **Kombi-Dämpfer**. Mit diesem Gerät wurde es erstmals möglich, einzeln, nacheinander oder in Kombination über einen Dampfgenerator wahlweise mit feuchter oder trockener Hitze zu garen. Die eigentliche Innovation lag in der elektrischen Steuerung, mit deren Hilfe der Dampf ganz individuell dosiert werden konnte. Damit konnten 70 bis 80 Prozent aller Garvorgänge in einer Großküche mit einem einzigen Gerät bewältigt werden – und das auf einer Fläche von nur einem Quadratmeter. Das hatte für die **Zielgruppe** gleich drei **Vorteile**: Rationalisierung des Garvorganges, bessere Arbeitsbedingungen sowie bessere Speisenqualität.

NEUENTWICKLUNG FÜR ZIELGRUPPE

VORTEILE

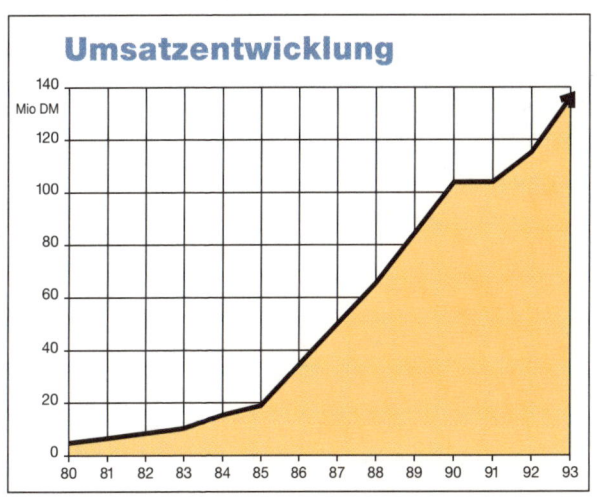

81

Meister stand nun vor dem Problem, mit den begrenzten Mitteln eines mittelständischen Unternehmens das neue Produkt am Markt durchzusetzen. Rund 70 Prozent der Kapazitäten waren noch durch die Produktion der Heißluftöfen gebunden. Gegen den Widerstand der Mitarbeiter wagte Meister den großen Sprung: Man bot das alte Gerät von einem Tag auf den anderen nicht mehr an und **konzentrierte** sich **völlig** auf den **Kombi-Dämpfer**. Meister war überzeugt, so und nur so eine beherrschende **Marktposition** zu erringen. Vor diesem Verfahren sei allerdings gewarnt – es ist nur dann zur Nachahmung zu empfehlen, wenn man sich seiner Sache ganz sicher ist. Normalerweise wäre es in solchen Fällen besser, das alte Produkt ohne weitere Anstrengungen „nebenher" laufen zu lassen und nach und nach seine Leistungsangebote umzuschichten. Die EKS-Strategie lehrt nicht, von einem Geschäftsfeld zum nächsten zu springen, sondern umsichtig voranzuschreiten.

VOLLKOMMENE KONZEN-TRATION AUF EINE PROBLEMLÖSUNG = KOMBI-DÄMPFER

EKS: NICHT SPRINGEN, SONDERN SCHREITEN

WIRTSCHAFT-LICHER ERFOLG

Doch der wirtschaftliche Erfolg gab Meister recht: In **Zahlen**: Der Umsatz stieg von 3,91 Millionen DM im Jahre 1980 über 8,6 Millionen (1983) auf 104 Millionen (1990). Im Jahre 1993 waren es etwa 135 Millionen. Natürlich wird dabei auch kräftig verdient. Übersteigen die Renditen jedoch einen festgelegten Satz, dann werden die Preise gesenkt, denn schließlich will man die Zielgruppe nicht ausbeuten.

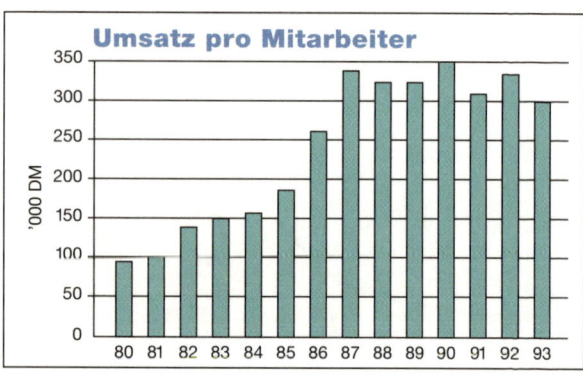

Der Wettbewerb

Rational war zwar wieder einmal weltweit **Pionier** auf diesem Markt, aber das lockte automatisch **Wettbewerber** an. Die Patente von Rational wurden durch leichte Modifikationen umgangen. Die anderen Anbieter waren allerdings nicht in der Lage, die **Strategie** von Rational zu kopieren: Sie arbeiteten nach wie vor mit den alten Rezepten, das heißt in erster Linie **Preiswettbewerb**. Anders verhält sich Rational. Durch die Konzentration auf das einzige Produkt und die wachsenden Stückzahlen kann Rational natürlich die Vorteile der **Spezialisierung** nutzen, wie etwa geringere Kosten. Doch das allein reicht nicht aus. Außerdem würde reiner Preiswettbewerb nicht dem Ziel der EKS-Strategie entsprechen. Wer sich nur über den Preis im Wettbewerb behaupten muß, erzielt auf Dauer eine Rendite von Null. Den Vorsprung vor der Konkurrenz sichert sich Rational vor allem durch den sehr engen **Kontakt zur Zielgruppe** und ständige **Innovationen** und Verbesserungen des Produkts.

PIONIER-LEISTUNG = NEUE WETTBEWERBER

VORTEILE DER SPEZIALISIERUNG

ZIELGRUPPEN-KONTAKT UND INNOVATIONEN

Konsequente Zielgruppen-Orientierung

Rational konzentriert sich ausschließlich auf seine Zielgruppe „Berufsköche". Alle Mitarbeiter im Verkauf und im Marketing arbeiten eine bestimmte Zeit in einer Küche, lernen, zu verstehen, wie sich alles zusammenfügt, um die täglichen Probleme der Kunden unmittelbar nachvollziehen zu können. Alle 450 Mitarbeiter denken Tag für Tag nur an das Kombi-Kochen und daran, wie sie ihren Berufsköchen in aller Welt die tägliche Kocharbeit erleichtern und das **Beste liefern** können.

KÖCHE ALS ZIELGRUPPE

Für den **engen Kontakt zur Zielgruppe** sorgen bei Rational 14 Küchenmeister. Sie sind weltweit mit der Zielgruppe in persönlichem Kontakt. Sie sind sowohl „Anwälte" der Zielgruppe im Hause Rational als auch Überbringer der Rational-Botschaft in der Sprache der Kunden. Die Küchenmeister haben bei Rational ein gewichtiges Wort – bis hinein in die Entwicklungsabteilung. Sie sind viel unterwegs, weisen andere Köche in Rational-Produkte ein und hören viel zu, was die Kunden sagen. Die Köche sprechen die **Sprache der Kunden**.

KÖCHE ALS „ANWÄLTE DER KUNDEN"

Rational verfügt außerdem über hochmoderne **Schulungscenter**. Dort werden kostenlose Seminare für die Zielgruppe veranstaltet. Auch über diesen Kontakt wird die Zielgruppenbindung intensiviert.

Personalpolitik

Solche Spitzenleistungen lassen sich natürlich nur mit gut **motiviertem Personal** erbringen. Die Motivation der Mitarbeiter steht bei Rational nach der Zielgruppen-Orientierung ganz oben auf der Prioritätenliste. Jeder Mitarbeiter ist ausschließlich dafür da, der Zielgruppe den größtmöglichen Nutzen zu bieten. Dies ist zentraler Bestandteil der gemeinsamen Unternehmensphilosophie. So ist es unter Androhung von Entlassung verboten, den Kunden anzulügen oder zu täuschen.

Die Rational-Unternehmensphilosophie:

Auf der Basis der EKS-Strategie handeln alle Mitarbeiter des Unternehmens nach folgenden Grundsätzen:

- Alle Kräfte werden dafür eingesetzt, einer klar definierten Zielgruppe den größtmöglichen Nutzen zu bieten, statt vordergründige Profitmaximierung zu betreiben.

- Konzentration und Spezialisierung auf ein wesentliches, zentrales Problem der Zielgruppe statt Verzettelung durch Diversifikation.

- Hohe Mitarbeitermotivation durch Selbstorganisation von unten nach oben statt eines Hierarchiedenkens.

- Praktizierte Kundennähe als oberstes Ziel für alle Mitarbeiter.

Ergebnis

Das Ergebnis dieser Strategie kann sich sehen lassen. Rational ist **Marktführer für Kombi-Dämpfer** mit einem Marktanteil von rund 50 Prozent **weltweit**. Rational ist in allen Industrieländern der Welt vertreten, außerdem werden Kombi-Dämpfer in einigen Ländern in Lizenz gebaut, in 45 Ländern sitzen Vertriebspartner. 60 Prozent des Umsatzes wurde 1993 im Ausland erzielt. Der Umsatz pro Mitarbeiter ist wegen der größeren Stückzahlen von 85.000 DM im Jahr 1980 auf 340.000 DM gestiegen – eine klare Auswirkung der **Spezialisierung**. Das Unternehmen hat zahllose Auszeichnungen und Preise erhalten, so zum Beispiel den Bundesinnovationspreis 1991 vom Bundesminister für Wirtschaft und den „Award for Distinguished Development" von der „Foodservice Consultants Society International" sowie den „Hamburger Preis – Food Service 1989" vom Deutschen Fachverlag.

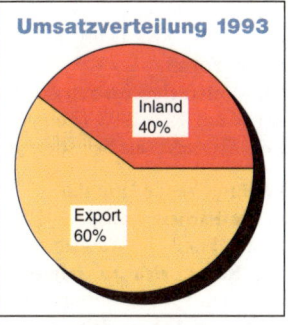

Umsatzverteilung 1993

Inland 40%

Export 60%

MARKTFÜHRER

PREISTRÄGER

Gefährliche Spezialisierung?

Nach wie vor hält man in der Branche Meisters **Strategie der Spezialisierung** trotz der beeindruckenden Erfolge für hochgefährlich. Meister lassen solche Einwände kalt: „Wir sind nicht Spezialisten für Kombi-Dämpfer, sondern für modernes Garen. Wir sind nicht nur Spezialist für ein einziges Produkt in verschiedenen Variationen und Ausführungen, sondern wir bieten die jeweils **beste** Problemlösung. Jeder der 450 Mitarbeiter denkt über die Problemlösung ‚Garen' nach – besonders die 30 Entwicklungsingenieure. Das sichert uns, daß wir Innovations-**Marktführer** bleiben. Wir bieten heute den Kombi-Dämpfer an – nicht etwa, weil uns zum Thema ‚Garen in Großküchen' nichts anderes einfällt, sondern weil es **zur Zeit** die beste Problemlösung ist."

SPEZIALISIERUNG
AUF EINE
PROBLEMLÖSUNG

Basisliteratur

MEWES, W. (URHEBER); WORCESTER, M. (HRSG.); FRIEDRICH, K. (REDAKTION): **Die EKS®-Strategie.** 36 Hefte. Frankfurt am Main: FAZ 1990-1991 (der „neue" EKS-Lehrgang in völlig überarbeiteter und aktualisierter Form).

WORCESTER, M. (HRSG.); MEWES, W. (URHEBER); FRIEDRICH, K. (REDAKTION): **EKS-Unternehmensstrategie** – Ein Arbeitshandbuch. Frankfurt am Main: FAZ 1993 (Kompaktversion des Fernlehrgangs „Die EKS-Strategie" als Selbstlernprogramm).

Weitergehende Literatur

BÜRKLE, HANS: **Aktive Karrierestrategie** – Erfolgsmanagement in eigener Sache. 2. Aufl. Frankfurt/Wiesbaden: FAZ/Gabler 1991 (EKS für Karriere).

BÜRKLE, HANS; BROGSITTER, BERND (HRSG.): **Die Kunst, sich zu vermarkten!** 2. Aufl. Stuttgart: Schäffer-Poeschel 1993 (Bewerbungsratgeber für Ein- und Umsteiger).

SEIWERT, LOTHAR J.: **Das „neue" 1x1 des Zeitmanagement.** 16. Aufl. Bremen: Gabal, 1994 (Kurz-Lehrgang zum Zeitmanagement in 12 Lektionen).

SEIWERT, LOTHAR J.: **Mehr Zeit für das Wesentliche.** 16. Aufl. Landsberg: Moderne Industrie 1994 (Standardwerk, auch als Audio und Video).

WAGNER, HARDY: **Kern-Elemente des Erfolgs** – am Beispiel der EKS. In: H. Wagner, Persönliche Arbeitstechniken. 5. Aufl. Bremen: Gabal, 1993.

WOLFF, LORENZ; FRANK, JOHANNA: **Berufszielfindung und Umsetzungsstrategie** für Studium/Ausbildung/Weiterbildung. 3. Aufl. Bremen: Gabal, 1992.

Periodikum

WORCESTER, M. (HRSG.); FRIEDRICH, K. (REDAKTION): **Der Strategiebrief.** Frankfurt am Main: FAZ 1991 ff. (Informiert monatlich über Fallbeispiele und Entwicklungen der EKS).

Folienprogramm

FRIEDRICH, KERSTIN; SEIWERT, LOTHAR J.: **Das 1x1 der Erfolgsstrategie** – Prinzipien und Phasen der EKS-Strategie (mit 60 Farbfolien, Trainerleitfaden, 30 Hand-outs als Kopiervorlagen, Arbeitsbuch). Offenbach: Jünger 1994.

Video

FAZ GMBH INFORMATIONSDIENSTE UND KPMG GMBH (HRSG.): **Konsequent erfolgreich.** Der Film zur EKS-Strategie (VHS, 43 Min.). Frankfurt am Main: FAZ 1991.

Software

FAZ GMBH INFORMATIONSDIENSTE (HRSG.); FRIEDRICH, K. (REDAKTION): **EKS-PC.** Frankfurt am Main: FAZ 1992 (Programmversionen für Unternehmen und Karriere).

Stichwortverzeichnis

Notizen

Notizen

Notizen

Notizen

Notizen

Notizen

Studieren Sie auch das Große 1x1 der EKS-Strategie

Das kleine Buch, das Sie in Händen halten, ist eine Einführung in die EKS-Strategie. Es macht Sie mit den Prinzipien, Phasen und Methoden dieser Strategie bekannt. Und es gibt Ihnen einen Überblick über den Weg, der Sie zu konkurrenzlosen Spitzenleistungen führt.

Der gesamte EKS-Wissensstoff gestaltet sich jedoch weitaus komplexer und vielschichtiger. Er ist durch viele Fallbeispiele anschaulich und praxisorientiert. Wenn Sie ihn konsequent und Schritt für Schritt studieren und in die Praxis umsetzen wollen, sollten Sie tiefer in die EKS-Strategie eindringen.

Mit dem 40.000fach bewährten EKS-Fernlehrgang steht Ihnen das Große 1x1 der Erfolgsstrategie zur Verfügung. Er ist mit Sicherheit ein Gewinn, ganz gleich, ob Sie als Unternehmer oder Freiberufler
▶ vom Krisen- zum Chancenmanagement wechseln wollen
▶ neue Märkte, Vertriebswege oder innovative Produktideen suchen
▶ sich aus der Kostenklemme befreien oder sanieren müssen
▶ oder sich als Angestellter mit Karriereambitionen mehr Selbständigkeit, Anerkennung und Erfolg wünschen.

Der EKS-Fernlehrgang besteht aus 36 Lerneinheiten (zusammen mehr als 1.400 Seiten anerkanntes Wissen), die wir Ihnen innerhalb von 12 Monaten (oder auch als Komplettpaket) zusenden. Für noch effizienteres, interaktives Arbeiten empfiehlt sich das EKS-PC-Programm – die optimale Software zur Ergänzung für den EKS-Fernkurs.

Überzeugen Sie sich ohne jedes Risiko von den Vorzügen des EKS-Lehrgangs. Oder fordern Sie kostenlose Informationen zum EKS-Unternehmerhandbuch an, das speziell auf die Einführung der EKS-Strategie in die betriebliche Praxis zugeschnitten ist. Dann können Sie in Kürze fest mit dem Großen 1x1 Ihrer Erfolgsstrategie rechnen.

E K S®
DIE STRATEGIE

Frankfurter Allgemeine Zeitung GmbH Informationsdienste
Redaktion EKS · D-60267 Frankfurt am Main

Eine kleine Information über die Informationsdienste einer großen Zeitung

Hinter der F.A.Z. – das ist bekannt – steckt immer ein kluger Kopf. Aber wer steckt hinter dem German Brief? Den Länderanalysen? Der EKS-Strategie und dem EKS-Strategiebrief?

Die Frankfurter Allgemeine Zeitung GmbH Informationsdienste.

Die Informationsdienste sind ein Geschäftsbereich der F.A.Z. GmbH in Frankfurt am Main und spezialisiert auf Wirtschaftsinformationen. Im Dienste der Informationen stehen rund 30 Mitarbeiter. Sie geben Wirtschaftsfachbücher heraus und organisieren Konferenzen. Vor allem aber publizieren sie Nachrichten und vermitteln Wissen – wertvolle Informationen, über die Sie vielleicht regelmäßig verfügen möchten.

Der German Brief erscheint wöchentlich in englischer Sprache. Er enthält die wichtigsten Fakten über die wirtschaftliche und politische Entwicklung Gesamtdeutschlands.

Die Länderanalysen informieren über wirtschaftliche Entwicklung und wirtschaftspolitische Hintergründe von 25 Ländern, berichten über Investitionsbedingungen und Handelsbeziehungen. Umfassend und aktuell. Zuverlässig. Im halbjährlichen Rhythmus.

Der EKS-Strategiebrief ergänzt die EKS-Strategie monatlich. Er gibt neue Impulse durch praktische Anwendungshilfen und aktuelle Fallbeispiele von EKS-Anwendern, enthält Anregungen und Tips für die Aktualisierung der persönlichen Unternehmens- oder Karrierestrategie.

Wir informieren Sie gerne ausführlicher. Telefon (0 61 96) 96 06 01, Telefax (0 61 96) 96 06-367.

■ *Frankfurter Allgemeine Zeitung GmbH*
INFORMATIONS DIENSTE

Vertiefen Sie Ihr neues Wissen über Erfolgsstrategie!

Mit Dr. Friedrich und Prof. Seiwert können Sie Ihr Strategie-Management über die Lektüre dieses Buches hinaus weiter vertiefen. Durch effizientes Team-Teaching und persönliches Coaching lernen Sie ganz konzentriert, wie Sie Ihre persönliche Erfolgsstrategie finden. Wir informieren Sie gerne.

Bitte sprechen Sie mit uns unverbindlich über:

☐ Umsetzung der EKS in Ihrem Unternehmen durch Strategieberatung mit Dr. Friedrich,

☐ Vorträge mit Dr. Friedrich oder Prof. Seiwert in Ihrem Unternehmen zum Thema „Erfolgsstrategie",

Dr. Kerstin Friedrich
Strategieberatung
Tel.: (0 61 96) 96 06 01
Fax: (0 61 96) 9 60 63 67

☐ Vorträge mit Prof. Seiwert in Ihrem Unternehmen oder auf Ihren Tagungen zum Thema „Zeitmanagement",

☐ firmeninterne Zeitmanagement-Seminare.

Weiterhin senden wir Ihnen kostenlose Informationen über:

☐ öffentliche Seminare zur EKS-Strategie, dem sicheren Weg zu konkurrenzlosen Spitzenleistungen,

☐ öffentliche Time-Management-Seminare – Ihr Kompaktwissen für die Umsetzung in der täglichen Praxis (2tägige Seminare, 1tägige Power-Seminare),

☐ Zeitmanagement-Bücher, -Audios, -Video, -Software etc.

Kopieren Sie bitte einfach diese Seite, und faxen oder schicken Sie uns Ihre Wünsche.

Name	Vorname
Firma	Abteilung
Straße	Postfach
PLZ / Ort	
Telefon	Telefax

SEIWERT/INSTITUT

STRATEGIE UND TIME MANAGEMENT

SEIWERT GMBH
Adolf-Rausch-Str. 7
D-69124 Heidelberg
Tel.: (0 62 21) 78 77-0
Fax: (0 62 21) 78 77 22